责任

比黄金更重要

任

白冰 ◎ 编著

企业管理出版社
ENTERPRISE MANAGEMENT PUBLISHING HOUSE

图书在版编目（CIP）数据

责任比黄金更重要 / 白冰编著. -- 北京：企业管理出版社，2018.6
ISBN 978-7-5164-1721-8

Ⅰ. ①责… Ⅱ. ①白… Ⅲ. ①企业—职工—职业道德 Ⅳ. ①F272.921

中国版本图书馆CIP数据核字(2018)第101322号

书　　名：	责任比黄金更重要
作　　者：	白冰
责任编辑：	张平　田天
书　　号：	ISBN 978-7-5164-1721-8
出版发行：	企业管理出版社
地　　址：	北京市海淀区紫竹院南路17号　　邮编：100048
网　　址：	http://www.emph.cn
电　　话：	编辑部（010）68701638　发行部（010）68701816
电子信箱：	qyglcbs@emph.cn
印　　刷：	三河市龙大印装有限公司
经　　销：	新华书店
规　　格：	170毫米×230毫米　16开本　14.5印张　160千字
版　　次：	2018年6月　第1版　2018年6月　第1次印刷
定　　价：	45.90 元

版权所有　翻印必究　·　印装有误　负责调换

前　言

　　人生由角色串起，角色意味着责任，责任体现价值。无论是谁都必须履行自己的责任，这是社会法则，也是道德准绳，还是心灵法则。湖北"信义兄弟"、基层干部沈浩、金牌员工许振超等，他们无一不在用行动向我们诠释：责任珍贵无比，责任比黄金更重要！

　　很多人总是将"责任"挂在嘴边，每天都在强调责任的重要性。但责任于我们意味着什么，责任究竟有多重要，恐怕没有多少人深究。

　　责任是人生航程的指路明灯。从其字面含义分析，"责任"包含两个基本方面——"责"和"任"。在很多人看来责任并不是令人轻松的字眼，这是因为他们只看到了责任的一个方面——责，即没有做好自己分内的事，必须承担相应的不利后果或惩罚。责是责任的重要方面，但我们不应忽视另一方面——任，即主动承担相应的任务，与之相对应，会得到相应的奖励或荣誉。可以说，责任是一种价值观。只有正确认识了责任是什么，我们才会明确自己的奋斗目标。

　　责任是成长之路上的无价之宝。责任从本质上来说，是一种与生俱来的使命，它伴随着每一个生命的始终。一个缺乏责任感的人，他的成长之路必定充满荆棘。承担了责任，他也获得了成长。当我们呱呱坠地时，我们几乎不承担什么责任，当我们人到中年时，对家庭、工作、社会、朋友的责任重重环绕着我们，我们"负责"前行，责任让我们的成长之路更加顺畅！

　　责任是个人走向成功的金钥匙。责任是成就人生的基石，是完善自我、成就自我的翅膀。翻阅历史，那些事业有成的人士，无不具有勇于负责的品质。阿尔伯特·哈伯德曾经说过："所有成功者的标志都是他们对自己所说的和所做的一切负全部责任。"一个人承担更多更大的责任，他获得的成功也就越大。

责任是永恒的价值导向。在职场中，"千金易得，拥有责任心的人才难得"成为所有企业的共同心声，责任的珍贵性由此可见一斑。我们从事的每一项工作，其实都是在属于自己的"责任地"上辛勤耕耘，只要我们在工作中担负起责任，就一定能发现工作中的"金矿"，到收获季节就一定能深深地感受到丰收的喜悦。倘若一个人在工作中失去了责任感，那么他就只会感到工作对自己的束缚，感到自己所做的工作只有劳碌辛苦，没有任何趣味可言，当然也就不会收获任何成就。对于每一个职场人士而言，责任有多大，发展的舞台就有多宽广。通往卓越的道路没有捷径，只有勇于承担责任，让责任成为我们的"金字招牌"，播撒责任的种子，才能收获金灿灿的果实。

有责任心的员工是企业的栋梁，由这样的员工组成的企业是最具竞争力的企业。只有每个员工都意识到自己肩负的责任，这样的企业才能在日益激烈的市场搏杀中立于不败之地。

一位企业家曾经说过："一个人可以清贫，可以不伟大，但不可以没有责任感。"意识到自己的责任，承担起自己的责任，相信你所在的企业会因为你的这份责任感而变得更加辉煌和强大，而你的人生也会因为你承担责任而拥有更多的卓越和精彩。

在本书中，我们结合员工的工作实际，用大量生动翔实的材料和案例，详细阐述责任的重要性，指导职场员工应该怎样做才能成为负责的人。"他山之石，可以攻玉"，借鉴他人的经验，成就自己的成功，是本书的初衷。希望广大读者能够通过阅读本书，掌握职场成功的精髓，成为一名受企业欢迎的、负责任的员工，进而成就属于自己的一番事业，打造更完美的人生。

作者
2017年7月

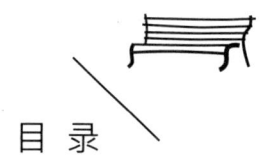

目 录

第 1 章　向责任看齐：责任永远是人生的第一选择

向责任看齐：责任是永恒的价值导向　/002

天赋责任：责任无法逃避，勇敢承担责任　/006

社会呼唤责任：责任铸就大爱　/010

责任是生存的基础：在人生航程中责任与你相伴始终　/012

用责任浇灌成功：放弃责任，就是放弃成功　/016

责任面前，我们唯一的选择是负起完全的责任　/019

第 2 章　千金易得，责任难求：责任比黄金更重要

工作承载责任：对工作负责，就是对自己负责　/026

职场中责任最贵：担负责任，赢得发展　/030

企业的心声：千金易得，拥有责任心的人才难得　/033

责任提升能力：承担责任让人变得更强　/037

在工作的天平上，一两责任重于千斤黄金　/042

第 3 章 "责任地"里刨黄金，发掘工作中的金矿

每人都有一块"责任地"，认清责任才能承担责任 /048
只要拥有责任心，黄土也能变黄金 /051
责任激发潜能，填补"能力空白" /054
责任=机会：承担责任，让任务变成机遇 /057
责任有多大，舞台就有多宽广 /061

第 4 章 在责任中成长，铺就不断进步的"金光大道"

成长比成功重要：看重责任，而非看重薪水 /066
责任是使人进步的"牵引器" /070
当责任来临时，要主动去承担 /072
一分责任一分成长，让梦想化为现实 /076
对工作负责，由平凡跨入卓越的"金钥匙" /080

第 5 章 责任创造价值：播撒责任的种子，收获金灿灿的果实

责任创造价值，责任就是生产力 /086
投资责任，不仅是改变现在，还是改变未来 /089
企业兴衰看责任，责任打造核心竞争力 /092
用高度责任心和高标准对待工作 /095
负责收获卓越，令自己远离平庸 /098

第6章 烈火见真金，勇于负责，助人成就

激发个人责任心，责任催生顽强战斗力 /104

责任驱动高效，做一个玩转职场的高效能员工 /108

树立责任意识，完美行动成就辉煌结果 /111

坚守岗位责任，在平凡中超越平凡 /115

勇于担当责任，敬业让人出类拔萃 /118

第7章 大浪淘沙，业绩是金：责任向结果看齐

永恒的职场真理：吹糠见米，用业绩衡量一切 /122

选择落实责任，收获辉煌业绩 /125

在责任面前，"差不多"其实差很多 /129

把责任留给自己，把结果带给领导 /134

责任为导向，业绩是硬道理：不动摇，不懈怠，不折腾 /138

第8章 与企业心连心，责任铸就战无不胜的黄金团队

企业兴亡，员工有责 /144

对企业负责就是对自己负责：培养主人翁精神 /148

构建企业的责任链，把"责怪链"变成"责任链" /152

建立责任群，通过自我管理落实责任 /156

兄弟齐心，其利断金：与同事共创双赢之道 /161

第 9 章　负责让人日进斗金：一分责任，十分市场

责任大于天，只有提供优质服务，才能赢得市场　/166
承担100%的责任，提供200%的服务　/169
自身责任的小疏忽，顾客心中的大问题　/173
对产品负责，就是对顾客负责　/176
对顾客负责，用真诚赢得发展　/179

第 10 章　责任的试金石——七招修炼责任心

责任不容推卸：勇于承担分内的责任　/184
负责从脚踏实地开始：多一些务实，少一些浮躁　/188
责任无小事：认真细致，把工作当作"精密实验"　/191
员工的分内责任：苦练提升技能，在孜孜求索中锐意进取　/193
责任驱动创新：让自己成为企业的"创意金库"　/197
责任无时不在：用心做好在职的每一天　/200
感受金灿灿的丰收韵味：感恩心做人，责任心做事　/203

第 11 章　责任成就卓越，让"负责"成为我们的金字招牌

永远的"金科玉律"：唯有责任才能成就卓越　/208
承担分外的事，让金子的光更耀眼　/211
用责任为自己塑造完美塑像，成为一名金牌员工　/214
尽职尽责，打造永不贬值的职场"金饭碗"　/217
提升自己的含金量：成长中体悟责任，卓越中升华责任　/221

 第 1 章

向责任看齐:
责任永远是人生的第一选择

向责任看齐：责任是永恒的价值导向

"责任"一词对于我们并不陌生。从儿童到成人，从普通百姓到各级领导，不同的人承担着不同的责任。责任与每个人的生活密切相关。我们平时所说的社会责任、民族责任、家庭责任、环保责任等，就是责任的不同表现形式。

那么究竟什么是"责任"呢？《现代汉语词典》中对"责任"有这样一个定义："分内应做的事。"寥寥数字，大有乾坤："分"是自己的角色和岗位，"内"表示界限和范围，"应"即理所当然、责无旁贷，"做"就是要尽心尽力去完成，"事"就是自己的工作和职责。

人在自己的哭声中来，在别人的哭声中去，跨越生死之间的这一段就是人生。从出生来到这个世界开始，我们在享受人生乐趣的同时，也在承担人生各阶段不同的责任。父母含辛茹苦地抚养新生命——抚养孩子是父母的责任；军队出生入死保家卫国——保家卫国是军人的责任；企业家依法经营照章纳税——照章

第 1 章
向责任看齐：
责任永远是人生的第一选择

纳税是企业家的责任；员工要完成自己的工作任务——完成工作是员工的责任……

显而易见，在我们的人生经历中，个人的社会角色不同，其所对应的责任也随之改变。每一个角色都意味着一种责任，这就是人生。人生就是角色，角色就是责任，责任就是价值。人在同一个时间段可能需要充当几个不同的角色，只有完成了这几个角色的责任才能体现自己的价值，否则就没有任何价值可言！爱默生说："责任具有至高无上的价值，它是一种伟大的品格，在所有价值中它处于最高的位置。"

责任，从本质上说，是一种与生俱来的使命，它伴随着每一个生命的始终。事实上，只有那些勇于承担责任的人，才有可能获取更多的成功，才有资格获得更大的荣誉。一个缺乏责任感的人，或者一个不负责任的人，首先失去的是社会对自己的基本认可，其次失去了别人对自己的信任与尊重，最后失去了自身的立命之本——信誉和尊严。

意大利哲学家马志尼曾说："我们必须找到一项比任何理论都优越的教育原则，用它指导人们向美好的方向发展，教育他们树立坚贞不渝的自我牺牲精神……这个原则就是责任，这种责任是人们终生的责任。"

20世纪初在美国有一位意大利移民，他叫弗兰克，经过艰辛的努力终于开办了自己的一家小银行。但天有不测风云，银行遭抢劫，他破产了，储户失去了存款。当弗兰克带着自己的妻子和四个儿女从头开始的时候，他决定偿还那笔天文数字般的存款。所有的人都劝他："你为什么要这样做呢？这件事你是没有责任的。"他回答："是的，在法律上也许我没有责任，但在道义上，我有责任，我应该还钱。"

偿还的代价是三十多年的艰苦生活，还清最后一笔债务时，他轻叹："现在我终于无债一身轻了。"他用一生的辛酸和汗水完成了他的责任，而给世界留下了一笔真正的财富。

有时候，责任并不是一个甜美的字眼，它仅有的是岩石般的冷峻。责任要求你时时付出一切去呵护，而它给予你的，往往只是灵魂与肉体上的痛苦，这样的一个十字架，我们为什么要背负呢？因为它最终带给你的是人类的珍宝——人生价值。

责任让人坚强，责任让人勇敢，责任也让人知道关怀和理解。无论你所做的是什么样的工作，只要你能认真地、勇敢地担负起责任，你所做的就是有价值的，你就会获得尊重和敬意。有的责任担当起来很难，有的却很容易，无论难还是易，不在于工作的类别，而在于做事的人。

美丽寂寥的可可西里安睡在宁静中。突然，枪声打破宁静，保护站的巡山队员被盗猎者残杀，鲜血染红戈壁，又一批藏羚羊惨遭屠戮……

一定要抓到盗猎者！巡山队长日泰下了死命令，巡山队连夜紧急出发，闯进了正在流血的可可西里。但是盗猎者如同鬼影般消失在稀薄的空气中，留下的只是成百上千具被剥去皮毛的藏羚羊尸骨！

巡山队员在遍布危险的茫茫大戈壁上奋力追踪，终于，盗猎者出现在冰河对岸，队员们不顾一切地冲入湍急的冰河之中。一场生死搏斗之后，只捕获了几个盗猎分子。

风雪中，继续追赶盗猎分子的巡山队员已濒临绝境：车辆抛锚，汽油耗尽，食品短缺，大雪封山，巡山队员不断倒在冷枪之下……

这是影片《可可西里》所描述的情景。没有物质激励，没有丰厚回报，巡山队员们用生命诠释了责任的含义。我们知道，生命是可贵的，但是我们更应知道，任何时刻，责任价更高！

清醒地意识到自己的责任，并勇敢地扛起它，无论对于自己还是对于社会都将是问心无愧的。人可以渺小，人也可以清贫，但不可以没有责任。任何时候，我们都不能放弃肩上的责任，扛着它，就是扛着自己生命的信念。

我们的家庭需要责任，因为责任让家庭充满爱。我们的社会需要责任，因为责任能够让社会平安、稳健地发展。我们的企业需要责任，因为责任让企业更有凝聚力、战斗力和竞争力。

我们每一个人都在生活中饰演不同的角色。无论一个人担任何种职务，做什么样的工作，我们都对其他人负有责任，这既是社会法则、道德法则，也是心灵法则。正是责任，让我们在困难时能够坚持，让我们在成功时保持冷静，让我们在绝望时不放弃，因为我们的努力和坚持不仅仅是为了自己，还为了他人。

人生中只有一种追求，一种至高无上的追求——对责任的追求。

天赋责任：责任无法逃避，勇敢承担责任

蜜蜂的天职是采花造蜜，猫的天职是抓捕老鼠，蜘蛛的天职是张网捕虫，而狗的天职就是忠诚地服务主人，造物主对每个物种都有职责上的安排。人，作为万物的灵长、天地的精英，同样具有与生俱来的责任。人来到世上，并不是为了享受，而是为了完成自己的使命。

每一个人从出生的那一天起，就拥有了作为社会和国家的一员应当拥有的权利，他不需要什么前提条件。但同时，我们不能忽视的是，权利因为责任而存在，在上天赋予我们权利的同时，也赋予了我们相应的责任。只有在履行责任的前提下，才能充分享受权利。承担责任是人的天职。

只要你是社会上的一个个体，你就有着无法逃避的责任——对配偶、父母、儿女、朋友、社会、工作的责任。总之，我们从有认知开始的那一天，就同时拥有了责任。我们生活在一个由责任构建的社会中，亲情缔造的责任让我们幸福，友情链接的责任让我们感动，爱情构筑的责任让我们忠诚。所以我们不能推卸责任，推卸责任就意味着伤害了我们的至亲至爱。

一对年轻的父母带着他们可爱的孩子去游玩，风景很美丽，他们也非常开心，一切都是美好的。然而他们不知道，灾难正在一步一步逼近。

为了欣赏更美好的风光，他们一家坐上观光的高空缆车。正当他们为美不胜收的美景而陶醉的时候，忽然缆车从高空坠落。

灾难突然降临，大家认为没有人会生还，因为缆车离地面的距离太高了。然而，营救人员却带回来唯一幸存者，一个大约3岁的小孩。

一位营救人员说："缆车坠落时，是他的父母将他托起，他的父母用自己的身躯阻挡了缆车坠落时致命的撞击，孩子因此得救了。"

所有在场的人无不为之肃然起敬，他们不仅感动，而且深受震撼。这就是父母，在生命的最后一刻，仍旧没忘记保护孩子的责任，在危难的瞬间，用自己的双肩托起了孩子的生命。这就是责任，这是对责任的最好阐释。因此，责任也是一种使命，是人生最根本的义务。责任能让一个人充满信念地生活，能让家庭充满爱，能让社会平安、稳健地发展。守住责任，就守住了生命最高的价值，守住了人性的伟大和光辉。

责任是人生最根本的义务和使命，是我们实现个人价值和人生理想的前提。效仿伟人践行责任的精神，把使命感和责任心融入日常的工作和生活中，你的事业和人生必将因此而变得更加辉煌和壮阔。负责不仅仅是承担应尽的义务，同时还要对自己的行为引发的后果承担责任。

1920年的一天，美国一位12岁的小男孩正与他的伙伴们踢足球，一不小心，小男孩将足球踢到邻近一户人家的窗户上，一块窗玻璃被击碎了。邻居向小男孩索赔12.5美元，这在当时并不是一个小数目。

回到家，闯祸的小男孩怯生生地将事情的经过告诉了父亲。过了很长时间，父亲才冷冰冰地说道："家里虽然有钱，但是你闯的祸，就应该由你自己对过失行为负责。"停了一下，父亲还是掏出了钱，严肃地对小男孩说："这些钱我暂时借给你，不过，你必须想法还给我。"小男孩从父亲手中接过钱，飞快跑过去赔给了邻居。

从此，小男孩一边刻苦读书，一边用空闲时间打工挣钱还给父亲。由于他人小，不能干重活，他就到餐馆帮别人洗盘子刷碗，有时还捡破烂。经过几个月的努力，他终于挣到了12.5美元，并自豪地交给了他的父亲。父亲欣然拍着他的肩膀说："一个能为自己的过失行为负责的人，将来一定是会有出息的。"

许多年以后，这位男孩成为美利坚合众国的总统，他就是里根。后来，里根在回忆往事时，深有感触地说："那一次闯祸之后，使我懂得了做人的责任。无论做人还是做事，都要承担责任，责任是上天赋予的使命。责任无法逃避，只要我们勇敢地承担责任，用一颗虔诚的心来履行自己的责任，就会发现人生的多姿多彩。"

责任是一种重要的人生态度，同时也是一种可贵的职业精神，无论在什么地方，无论做什么事情，那些能够重视责任和使命、坚守自己职责的人，都将赢得别人的尊重，都能让自己闪现出不平凡的光辉。

弗洛伦斯·南丁格尔是英国护理学先驱、妇女护士职业创始人和现代护理教育的奠基人，被誉为"护理学之母"。

在1854—1856年的克里米亚战争中，她带着护士小分队来到战场为双方伤员服务。战争非常惨烈，常常是几个小时之间，就运来了成百上千的伤员。南丁格尔需要在这个痛苦嘈杂的环境中把事情安排得井井有条，有时她需要连续站立二十多个小时。

"我曾经和她一起做过很多非常重大的手术，她可以在做事的过程中把事情做到非常准确的程度……"一位和她一起工作过的外科医生说，"特别是救护一个垂死的重伤员，我们常常可以看见她穿着制服出现在那个伤员面前，俯下身子凝视着他，用尽她全部的力量，使用各种方法来减轻他的疼痛。"

一个伤员说："她和一个又一个的伤员说话，向更多的伤员点头微笑，我们每个人都可以看着她落在地面上的那亲切的影子，然后满意地将自己的脑袋放回到枕头上安睡。"

另一个士兵说："在她到来之前，那里总是乱糟糟的，但在她来过之后，那儿圣洁得如同一座教堂。"

正是在她所热爱的护理工作的强烈责任感的驱使下，在短短3个月的时间内，南丁格尔使伤员的死亡率从42%迅速下降到2%，创造了当时的奇迹。

南丁格尔不推卸自己分内的责任，以虔诚的态度去完成自己的工作使命，责任感使她成为人们所敬仰的光辉女性。南丁格尔的故事告诉我们，一个人来到世上并不是为了享受，而是必须完成自己的使命——责任。

责任其实就是做好社会赋予你的任何有意义的事情。从人生大义上来讲，责任是我们完善和成就自己的一双翅膀。我们不能逃避责任，逃避责任就意味着我们失去了实现自己价值的机会。一个人只有具备了勇于负责的精神，才会产生改变一切的力量。

社会呼唤责任：责任铸就大爱

人人都是社会人，社会责任责无旁贷。工人做好工，农民种好田，医生治病救人，教师教好学生，为官一任则要造福一方；在父母面前，我们做好儿女；在儿女面前，我们做好父母，不同的角色里，尽到自己的不同责任……社会分工不同，大家各司其职，社会才能秩序井然；人人都有责任心，社会就会变成人间乐园。所以，责任无论是对社会、对国家、对企业，还是对自己，任何时候都不可或缺，责任无处不在。

这个世界上的所有人都是相依为命的，所有人共同努力，郑重地担当起自己的责任，才会有生活的宁静和美好。任何一个人懈怠了自己的责任，都会给别人带来不便和麻烦，甚至会威胁到生命。

在当今社会里，一些人急功近利，责任感受到前所未有的挑战，责任缺失的现象屡见不鲜：花季少年弃学而吸毒、矿难接连不断、假劣食品充斥市场，环境污染触目惊心。前者是个人责任的缺失，后者是社会责任的缺失。难怪清华大学校长顾秉林给2003年毕业生的赠言就是沉甸甸的两个字："责任。"

2008年5月12日的汶川大地震成为中国人心中永远的痛。在这场天灾中，彭州市公安局政工监督室女民警蒋敏被人们称为"最坚强警花"。

5月13日凌晨6时许,蒋敏的手机响了,是北川的舅舅打来的。蒋敏接到电话,顿时泪如雨下,她的爷爷、奶奶、母亲和女儿全部遇难……除了舅舅,蒋敏在北川的全家10口人已全部确认死亡……

早晨,天空下着雨,悲情笼罩整座城市。民警们再次集结,上街巡逻。大家开始依次报数,谁也没有听出喊出响亮"43"的蒋敏有何异样。

面对如此灾难,为什么不回家看看?"道路不通,通信不通,我回去也没有用,还不如在这里做些事,帮帮和家人一样的灾民。"遭受重创的蒋敏,以平淡的心态说出了自己的心里话。

天彭中学安置了4000多名来自龙门山、九峰山的灾民,一整天,蒋敏都在这里维持秩序,帮助送水、送物资,傍晚又和几位同事为刚到的灾民搭帐篷。

5月16日凌晨,因为连日的劳累和悲伤,蒋敏晕倒。在医生的坚持下,蒋敏被送进医院输液。5月17日,蒋敏坚持出院,她的同事试图将蒋敏带回家休息,但蒋敏无论如何都不愿意回家。最后,蒋敏坚持要求再次回到天彭中学安置点,继续为灾民服务。

在失去亲人的极大悲恸中,蒋敏能够坚持在自己的工作岗位上,是因为灾区还有更多的人需要她的帮助与救援。对素昧平生的灾区人民给予力所能及的帮助,这是一种可贵的社会责任,这种责任铸就了"爱之城"。全国人民有钱的出钱,有力的出力,截至2009年2月12日,海内外社会各界向灾区捐赠款物共计约

417亿元,"我们都是四川人!"使得每一位中国人都深受感动。

责任能够战胜困难。无论是三鹿奶粉事件还是汶川大地震,都在向人们昭示:责任缺失将会引起灾难,承担责任将会铸就大爱!社会呼唤责任,唯有每个人坚守自己的责任,承担自己的责任,社会才会变成和谐与美好的人间。

社会学家戴维斯说:"放弃了自己对社会的责任,就意味着放弃了自身在这个社会中更好的生存机会。"对于个人而言,社会呼唤责任就要求人们将责任深植于自己的行动中。一个人只有具备强烈的责任感,对自己的人生和生活时刻抱着负责的态度,才能更坦然和无愧地面对自己的内心。

责任是生存的基础:在人生航程中责任与你相伴始终

"物竞天择,适者生存",优胜劣汰是自然法则。在人类社会中,那些没有责任心的人首先会遭到淘汰的命运。放弃承担责任,或者蔑视自身的责任,就等于在可以自由通行的路上自设路障,摔跤绊倒的也只能是自己。为什么我们一定要承担责任?答案其实很简单,就是为了更好地生存,因为责任是生存的基础。

责任是永恒的生存法则。无论是自然界还是人类社会,如果失去了责任,就失去了赖以生存的基础。

一对老夫妇省吃俭用地将四个孩子抚养长大,在他们结婚50周年之际,四个孩子为了报答养育之恩,决定送给父母最豪华的爱之船旅游航程,好让老两口尽情感受大海的风情。

老夫妇带着头等舱的船票登上豪华游轮，可以容纳数千人的大船令他们赞叹不已。而船上还有游泳池、豪华夜总会、电影院、赌场、浴室等，真令他们目不暇接、惊喜无限。唯一美中不足的是，各项豪华设备的费用都十分昂贵，节省的老夫妇盘算自己不多的旅费，实在舍不得轻易去消费。他们只得在头等舱中安享五星级的套房设备，或流连在甲板上，欣赏海面的风光。幸而他们随身带有方便面，既然支付不起船上豪华的精致餐饮，只好以泡面充饥，如想变换口味，便到船上的商店买些西点面包之类的食物。

临近航程的最后一天，丈夫想想，回到家后，若亲友邻居问起船上餐饮如何，而自己竟答不上来也是说不过去的。和太太商量后，他索性狠下心来，决定在晚餐时间到船上的餐厅去用餐，反正也是最后一顿，挥霍一次又何妨。

在举杯畅饮的笑声中，用餐时间已近尾声，丈夫招来侍者结账。侍者很有礼貌地问："能不能让我看一看您的船票？"

丈夫生气地说："我又不是偷渡上船的，吃顿饭还得看船票？"然后不情愿地将船票扔到桌子上。

侍者接过船票，拿出笔来，在船票背面的许多空格中，划去一格。同时惊讶地问："老先生，您上船以后，从未消费过吗？"

老先生更是生气："我是否消费，关你什么事？"

侍者耐心地解释："这是头等舱的船票，航程中船上所有的消费项目，包括餐饮、夜总会以及赌场的筹码，都已经包括在船票售价内，您每次消费，只需出示船票，由我们在背后空格注销即可。老先生您……"

老夫妇想起航程中每天所吃的泡面，而明天即将下船，不禁相对默然。

在你出生的那一刻，上天已经将最好的头等舱船票交给了你，这张船票就是你的责任感。你可以在物质上、心灵上享有最豪华的礼遇，只要你愿意出示你的船票。

无论我们在哪个年龄阶段，从事何种工作，责任都是我们生存的基础。所有人都肩负着自身的责任，必须带着责任心去努力：学生要努力学习，员工要努力工作，官员要努力为人民办实事。只要尽心尽责，相信你一定能把自己的事情做到最好。

责任就是对自己所负使命的忠诚和信守，责任就是出色地完成自己的工作，责任就是忘我的坚守，责任就是人性的升华。

大连市公共汽车联营公司702路422号双层巴士司机黄志全，在行车的途中突然心脏病发作。在生命的最后一分钟，他做了三件事：

第一件事：把车缓缓地停在路边，并用最后的力气拉起手刹；

第二件事：用尽全身力气把车门打开，让乘客可以安全地下车；

第三件事：将发动机熄火，确保了车和乘客的安全。

他做完这三件事后，趴在方向盘上停止了呼吸。

即使在生命垂危时，黄志全仍不忘自己的责任，不忘对乘客所担负的责任。黄志全只是一名平凡的公共汽车司机。他在生命的最后一分钟里所做的一切并不惊天动地，但却是有责任心、有使命感的人的榜样与骄傲。

每个人都有一份属于自己的责任，都应该做好分内的事。刘翔的责任是"亚洲有我，中国有我"的呐喊，丛飞的责任是"用舞台构筑课堂，用歌声点亮希望"的勇气，洪战辉的责任是"在贫困中求学，在艰辛中自强"的意志……他们为什么感动中国，就是因为他们有着一颗强烈的责任心，尽自己所能地完成他们该做的和想要做的事情。同时，我们要为这份责任心付出努力。

怀着一颗强烈的责任心，坚守自己的岗位，并为之付出努力，是每个人生存的基础，也是每个人应尽的义务。"没有做不好的事情，只有不负责任的人"，让责任感深植于心中，带着责任心去努力奋斗。责任心的确立是一个人生存立世难能可贵的品质。强烈的责任感，会成就一个人。一旦放弃了做人的责任，无所事事、不学无术，乃至寡廉鲜耻、无恶不作，是很可怕的。

以负责的态度来对待你生活中的每一件事，并把它当成使命，你就能发掘出自己特有的能力，即使是烦闷、枯燥的工作，你也能从中感受到价值，在完成使命的同时，你的人生也会大放光彩。

用责任浇灌成功：放弃责任，就是放弃成功

郭沫若说过："本位主义不可有，本位责任感不可无。"人生一世，是为了履行一份责任来的，无论是男是女、是老是少、是弱是强，都有属于自己的一份责任。一个人的能力有大有小，水平有高有低，哪怕他天资并不过人，哪怕他技艺并不精湛，但是只要他具备了高度的事业心、责任感，就会生发出超凡脱俗的勇气和力量，从而全方位地挖掘自己的潜能，使他的才智达到极致，有时会做出令他人、令自己都不敢相信的成绩。

责任是成就人生的基石，是完善自我、成就自我的翅膀。阿尔伯特·哈伯德曾经说过："所有成功者的标志都是他们对自己所说的和所做的一切负全部责任。"翻阅历史，那些事业有成的人士，无不具有勇于负责的品质。

在中国近代商业史上，荣氏家族的地位显赫，荣氏企业的创始人荣宗敬和荣德生自小立志将"实业救国"作为兄弟二人的责任。

由于家境贫寒，荣宗敬在14岁时就不得不离开学堂，到上海南市区一家铁锚厂当起了学徒。三年后，15岁的荣德生乘着小木船从闭塞的无锡郊区进了喧闹的大上海。

在兄长的引荐下，荣德生进入上海通顺钱庄当学徒，此时的荣宗敬则在另一家钱庄做学徒。这为几年后他们和父亲一起在上海鸿升码头开办一个名叫"广

生"的钱庄打下了业务基础。经营上的稳妥再加上从不投机倒把，两年不到，荣氏兄弟便掘得了有生以来的第一桶金。

就在生意蒸蒸日上之时，荣德生南下广东，留下荣宗敬一人打理钱庄。荣德生在广州待了整整一年，广东人思想活跃，敢于开拓，善于经营，这些都使荣德生大受启发。他发现，从外国进口物资中，面粉的量是最大的，尤其在兵荒马乱的年代，销路非常好，而国内面粉厂却只有天津贻来牟、芜湖益新、上海阜丰以及英商在上海经营的增裕4家。

荣德生看到了面粉行业的商机，当他把这一想法告诉荣宗敬时，兄弟俩一拍即合。20世纪的第一个年头，荣氏家族事业迈出了决定性的一步。

从1914—1922年，荣家的面粉产业发展迅速，其产量占到当时全国面粉总产量的29%。这种高速度不仅在中国绝无仅有，在世界产业史上也非常罕见。到抗战前，荣家的面粉厂已飙升到14家，另外还衍生出9家纺织厂。

荣宗敬和荣德生兄弟创办的企业是中国民族企业的前驱，为中国工商业的发展做出了巨大贡献。荣氏兄弟将"实业救国"视为己任，这种崇高的责任感驱使他们在旧中国为中国民族企业的发展赢得了一席之地。

要想事业有成，就要像荣氏兄弟那样，树立责任的意识。只有担当充分的责任，才能取得优异的成绩。勇于负责，会让你的人格变得高尚，赢得人们的赏识，使你向未来的成功和辉煌积极地迈进。

当然，一个人承担的责任越大，付出的就越多，这也是很多人不愿承担重任的原因。还有人不相信自己的能力，怕承担不了重任而陷入麻烦之中。其实，每个人身上都有巨大的潜能没有发挥出来。美国学者詹姆斯认为，普通人只发挥了他蕴藏的潜力的1/10，与应当取得的成就相比，只不过发挥了一小部分能量，只利用了身心资源的很小一部分。一旦你决定承担起责任，并且努力做好工作，一些你担心无法完成的事情，往往能够圆满地完成。

李为明只有30多岁，在一家房地产公司任部门主管，多年来从事这一工作，让他在自己的工作岗位上游刃有余，工作起来得心应手。

一天，主管人力资源的副总把他找去谈话。原来有一位部门经理突然辞职，留下很多需要紧急处理的工作。副总已经和其他两位部门经理谈过此事，要求他们暂时接管那个部门的工作，但是他们都以手头上工作很忙为由委婉推辞掉了。副总问李为明能否暂时接管这一工作。实际上，李为明也很为难，因为他拿不准能否同时处理好两份繁重的工作。他仔细考虑了一段时间，同意接管那个部门的工作，并保证尽最大努力来完成。

接管后的第一天，李为明忙得不可开交。下班后他冷静下来，认真思考自己在新的情况下怎样在同一时间里完成两份工作。他很快就制订出了方案，第二天就采取了行动。比如，他与秘书约定，把下属汇报工作集中安排在某一个时间；把所有的拜访活动都安排在某一个时间；除非紧急而重要的电话，一般的电话都集中安排在某一个时间回复；将一般会议由30分钟缩短为10分钟。这样，他的工作效率就有了很明显的提高，两个部门的工作都处理得很好。

两个月后，公司决定把两个部门合并为一个部门，全部由李为明负责，并且给他大幅度加薪。

责任感可以激发我们的潜能，让我们创造出超乎想象的业绩。责任感可以激励我们战胜困难，取得成功。一个对自己前途负责的人应该经常自问："我还能承担什么责任？"而不是因循守旧地重复着毫无挑战性的工作。在责任面前，放弃责任就是放弃了成功。

美国前总统肯尼迪在他的就职演说中曾说："不要问美国给了你们什么，要问你们为美国做了什么。"这句话曾激励了一代又一代美国青年积极主动地为自己的行为和现在所处的糟糕情况负责。负责精神是改变一切的力量。如果你的职业陷入困境，事业步入低谷，不要抱怨和不满，要先问问自己是不是承担了应负的责任。

一个人承担更多更大的责任，他获得的成功也就越大。所以，当责任来临时，我们不应有所畏惧，而是应该勇敢地去承担责任。拥抱责任，也就是拥抱成功！

责任面前，我们唯一的选择是负起完全的责任

丘吉尔有一句名言："伟大的代价就是责任。"世界上很多伟人们，他们在拥有崇高地位的同时，也担负着常人无法担负的责任。责任是我们每个人必须承担和无法逃避的，因为承担责任使我们的人生变得有意义和有价值，逃避责任的

人生是苍白且乏味的。

尽管在我们承担责任的过程中，不可避免地要承担压力并面对各种困难，但一个真正能够承担起责任的人，是会勇敢地面对这些的。责任赋予我们走出逆境的勇气和决心，做自己的主人。有一个人，在他还是孩子的时候，一不小心打破了家中的一个花瓶，当时大人很袒护他，并对他说："孩子，这没有什么关系，你的年龄还小。"

当他上学的时候，没有按时做完老师布置的作业，家长又包庇他说："孩子，不要紧。"

当他参加了工作后，在车间里给工友们发工资，把工资给计算错了，当时领导又是很照顾他，对他说："小伙子年纪轻轻的，犯一点儿错误是可以原谅的。"

在他当上一个单位的领导后，被查出有贪污公款的情况，有人又很同情地说："他已是一个老头子了，贪污一点钱也是难免的。"于是，这个人只是被革职了事。

后来他进入了养老院，一不小心又打破了放在桌子上的一个花瓶，护理人员也是很袒护他，说："算了，这个老人有病。"

这虽然是一个杜撰的故事，却生动地向我们揭示了这样一个道理：责任是一个人人格的基石，一个人想要在社会上立足，就应当把责任融入自己的生活态度，无论是在工作上，还是在生活中，都要提醒自己要做一个负责任的人，否则将铸错一生。

在责任面前，我们唯一的选择就是负起完全的责任。推卸责任、逃避责任只是懦夫的行为，勇于负起完全责任的企业和个人是值得所有人景仰的。

武汉市鄱阳街有一座建于1917年的6层楼房，名为"景明大楼"。该楼的设计者是英国的一家建筑设计事务所。20世纪末，"景明大楼"在漫漫岁月中度过了80个春秋后的某一天，它的设计者远隔万里，给这一大楼的业主寄来一份函件。函件告知：景明大楼为本事务所在1917年所设计，设计年限为80年，现已超期服役，敬请业主注意。

80年前盖的房子，不要说设计者，连当年施工的人，也可能都已不在世了。竟然还有人为它的安危操心。操这份心的竟然是它的最初设计者，一个异国的建筑设计事务所。

景明大楼的设计事务所不远万里发函告知中国的业主，只是在履行它对景明大楼最后的责任，这样的负责之举实在令人钦佩。其实，这样的行为也应该是所有企业和个人学习的榜样，只有对自己的职责负起完全的责任，我们才能尽心尽力地去做好我们所要做的一切工作。

对于个人而言，负起完全的责任就是要在自己的本职岗位上认真工作，对产品负责，对组织负责，对客户负责，对社会负责。只有担负完全的责任，我们才能在努力的过程中将事情做到更好。

郭金生是同仁堂的一名普通的质检员。1992年，他刚来到同仁堂时，被分配在药材细料库房工作，由于所学专业不对口，他对药品养护、鉴别知识一无所知，光几百种中药名称已经让他眼花缭乱。看着师傅们娴熟的技能，郭金生感到必须要学药、懂药、认药，尽快掌握中药知识，只有这样才能胜任本职工作。于是，他每天早来晚走，勤学苦练，认真求教。那时他把所有的业余时间都用在了学习和认药上，看书做笔记，对照图谱，死记硬背，逐步掌握了几百种常用饮片、药材的传统鉴别方法。后来，在领导推荐下，郭金生参加了同仁堂主办的北京市第八届工业系统技术工人比赛暨中药技能大赛，取得了第三名的成绩，晋升为高级工，并荣获北京市高级技术能手称号。

随着技术的逐渐成熟，领导把郭金生从库房抽调到质量部，负责验收工作。2003年，"非典"疫情在北京蔓延期间，药材公司承担了"非典"用药任务。在防"非典"八味方推出后，京城出现了抢购风潮，药品供不应求。当时，药材的供应价格每天看涨，质量却参差不齐，鱼目混珠的现象不时发生。同仁堂把人民用药安全当成天大的任务来完成，严格购进质量，不能让一斤伪劣药品入库。那些天，郭金生放弃了所有休息日，哪里有验收任务，就往哪里去，经常加班连夜工作，逐次逐批验收饮片180000余千克，拒收伪劣饮片5000余千克，在有关部门的检查中没有一种不合格饮片从单位发出，维护了同仁堂的信誉，保证了人民用药的安全。

郭金生在责任面前，勇于承担，这使他不仅成长为一名优秀的员工，还成为同事们的学习榜样，影响着同仁堂的上上下下。对于企业而言，郭金生这样的员工如同带领大家共同进步的领头雁。

一个人只有具备强烈的责任感，对自己的生活和工作时刻抱着负责任的态度，他才能更坦然和无愧地面对自己的内心。

有人曾说："我们宁可轰轰烈烈地死掉，也不能猥琐地活着。如果因为负责而死掉，死而无憾！至少，负责任死了比不负责任死了光荣得多。这就是我们的'终极思考'。"我们不禁为这样的言行喝彩，对自己的责任完全负责，不仅仅是一种积极的人生态度，更会让你得到丰厚的回报。

如果你能够让完全负责贯穿你做事的始终，把自己经手的每一件事情都做到尽善尽美，相信你很快就会到达成功的巅峰。

第 2 章

千金易得,责任难求:
责任比黄金更重要

工作承载责任：对工作负责，就是对自己负责

无论是初入职场的新人，还是历经沧桑的职场元老，都应当时刻保持强烈的责任感，为自己的工作承担起责任，绝不能轻率地对待自己的工作。为什么从事相同的工作，有的人做出了成绩，有的人仍在原地踏步呢？工作的动机不同，工作的结果往往也大不一样。每个人工作的原因可能很多，除了养家糊口的经济因素外，工作本身还承载着一种责任。

很多人每天按部就班地上班、下班，到了固定的日子领回自己的薪水，高兴一番或者抱怨一番之后，再重复老样子，上班，下班……他们很少思考关于工作的问题：什么是工作？工作是为了什么？

有个老乞丐遇到了上帝，他请求上帝满足他三个愿望，上帝答应了。乞丐的第一个愿望是要变成一个有钱人，上帝立刻满足了他。成了有钱人后，乞丐又希望自己能年轻40岁，上帝挥一挥手，老乞丐就变成了20来岁的小伙子。乞丐兴奋

第 2 章
千金易得，责任难求：
责任比黄金更重要

极了，接着又向上帝提出了他的第三个愿望：一辈子不需要工作。上帝也答应了他，乞丐立刻又变回了路旁那个又老又脏的乞丐。乞丐不解地问："这是为什么？我为何又变得一无所有了？"上帝说："工作是我所能给你的最大祝福了。想一想，如果你什么都不做，整天无所事事，那是多么可怕的一件事啊！只有投入工作，才有生命的活力。现在你把我给你的最大的恩赐扔掉了，当然就一无所有了！"

因此，我们不难体味到工作对于一个人的价值和意义。只有工作才能体现人生的价值，一个人无所事事的时候就会感到活力在一点点丢失。因此，对工作负责就是对自己负责。

所以，既然工作是上天赋予我们的使命，我们就必须用生命去工作，用一种虔诚的责任感去完成。日出而作、日落而息的生活规律古已有之，但在作与息的交替轮回中，我们也耗尽了生命，所以工作既是我们生活的一部分，也是我们生命的重要组成部分。

可以这样说，我们每个人的工作都是我们用责任心亲手制成的雕像，是美丽还是丑陋，是可爱还是可憎，都是由我们自己创造出来的，正如我们的人生路是靠自己走出来的一样。一个人在工作时，如果能承担自己的责任，充分发挥自己的特长，那么不论所做的工作怎样，都不会觉得劳苦。

假如你怀有责任心，你必定非常热爱工作，你的生活就是天堂；假如你没有责任感，非常讨厌工作，你的生活就是地狱。因为在你的生活当中，有大部分的时间是和工作联系在一起的。不是工作需要人，而是任何一个人都需要工作。你对工作的态度决定了你对人生的态度,你在工作中的表现决定了你在人生中的表现,你在工作中的成就决定了你在人生中的成就。所以,如果你不愿意拿自己的人生开玩笑,就应该在工作中勇敢地负起责任。

张强很不满意自己的工作,他愤愤不平地对朋友说:"我在公司里的工资是最低的。并且,领导也不把我放在眼里,如果再这样下去,总有一天我会辞职不干的。"

"你对公司的业务流程熟悉吗?对于你所做的电子商务的窍门完全弄清了吗?"他的朋友问他。

"没有,我懒得去钻研那些东西。"张强漫不经心地回答他的朋友。

"我建议你先静下心来,抱着积极的态度,认认真真地对待自己的工作,好好地把公司的业务技巧、商业秘诀、客户特点完全了解清楚,甚至包括签订合同都弄懂了之后,再做决定,这样你可能会有许多收获。"

张强听从了朋友的建议,一改往日散漫的习惯,开始积极地投入工作之中。

半年后,他和那位朋友又聚到一起。

"你现在大概都学会了,是不是又准备不干了?"那位朋友问他。

"不是,这几个月来,领导对我刮目相看。最近更是委以重任,又升职,又加薪,我都成了公司里的红人了。所以,我想留下来继续发展,不打算跳槽了。"张强乐呵呵地对他的朋友说。

"这种情况,我早就料到了。"他的朋友也笑着说,"当初你的领导不重视你，是因为你在工作中自由散漫，敷衍了事，又不努力学习，觉得不会有什么作为。现在，你对工作如此负责，态度这么积极，担当的任务多了，能力也强了，当然会令他对你刮目相看了。"

那些勇于承担责任的员工往往会在工作中受益匪浅，在精神上，他们获得了快乐和自信；在物质上，他们也获得了丰厚的报酬。相反，一个对工作不负责任的人，是一个无法体会快乐真谛的人。要知道，当你将工作推给他人时，实际上你也将自己的快乐和信心转移给了他人。

在这个世界上，没有不需要承担责任的工作，你的职位越高、权力越大，你肩负的责任就越大。不要害怕承担责任，要下定决心，你一定可以承担任何正常职业生涯中的责任，你一定可以比前人完成得更出色。

努力工作就是对自己负责，这也是优秀员工能获得成功的原因。当你尝试着对自己的工作负责时，你就会发现，你自己还有很多的潜能没有发挥出来，你要比自己往常出色很多倍，你会在平凡单调的工作中发现很多的乐趣，最重要的是你的自信心还会得到提升，因为你能做得更好。

对工作负责，就是对自己负责。一个不负责任、没有责任意识的员工，不仅会在工作中为企业带来损失，还会为自己的职业生涯带来损害。相反，一个有强烈责任感的员工，不仅能够得到领导的信任，同时也会为自己的事业在通往成功的道路上奠定坚实的基础。

职场中责任最贵：担负责任，赢得发展

有个穷人，他只有一小块土地和一小袋种子。到了耕种的季节，他每天天不亮就起床下地干活，精心地在自己贫瘠的土地上播种。到了晌午，太阳火辣辣地照在肩膀上，他就来到一个树桩边休息。当他坐下的时候，一小把种子顺着他的口袋滚了出来，掉进了树桩下的洞里。

"哎，它们在这里根本没办法生长。"这个人叹息道，"即使这么一点种子，我也丢不起。"于是，他回到地里拿来铁锹，开始在树桩的根部挖。天气越来越热，汗水顺着他的后背、额头往下淌，他根本无暇顾及这些，还是在那里认真地挖。最后，他终于在一个深埋在地下的铁盒子上找到了它们。他打开盒子，发现里面全都是黄金——这足够让他后半生衣食无忧，过上幸福快乐的日子。后来，人们总是对他说："你一定是世界上最幸运的人。"

"是的，我很幸运。"他说，"但我日出而作，在炎热的天气里挖种子，我没有浪费掉一粒种子，况且那些金子也是我用劳动的双手挖出来的，不是从天上掉下来的馅饼。"

这个故事对职场中的我们应该有所启示：好好地对工作负责，你就会发现自己是最大的赢家。从表面上看，一个人的工作是有益于公司的，其实承担工作中的责任，最终的受益者还是自己。

第 2 章
千金易得，责任难求：
责任比黄金更重要

一个人在工作中是否能够尽职尽责，决定了他是否能够在人群中脱颖而出。一个人尽职尽责，才能发掘出自身的潜力，取得优异的业绩。而对待工作得过且过的人，纵然才华横溢，也会逐渐趋于平庸。所以，无论你拥有什么样的家庭背景，无论你拥有多么高的学历，无论你曾经做出过多么大的业绩，你都应该在自己的工作岗位上担负起自己应负的责任，把工作做得尽善尽美。在这个过程中，你能激发出自身的潜力，成为公司里的佼佼者。

香港"珠宝大王"郑裕彤是香港金行著名公司"周大福"的掌门人，名列香港富豪榜前三甲。郑裕彤之所以能有今天的成就，有很多人说是由于他的机遇比较好。从一个学徒工成了金行"周大福"的掌门人，的确是存在机会的成分，但我们从他的成功之路中所得到的启示应该不仅仅于此。

20世纪20年代，郑裕彤出生于贫寒的家庭中。为了养家糊口，小学毕业后，郑裕彤就走上了学徒的道路。

1940年，15岁的郑裕彤便到父亲的朋友周至元所开的"周大福金铺"去当学徒。即使当学徒，郑裕彤也比别人做得更多，他从杂役干起，每日早早赶到金铺扫地、抹桌灰、倒痰盂、洗厕所。等弄停当了，其他伙计才姗姗而来，开铺门做生意。

一天，周至元派郑裕彤去码头接一位香港亲戚。这时候，有一位南洋侨商上码头后，就向人打听上哪儿能兑换港币。因为离亲戚到达码头尚有一段时间，郑裕彤灵机一动，就走上前说周大福金铺可以兑换，价格也最公道，随即，郑裕彤就把这位侨商带进了周大福金铺，之后又赶回码头接香港来的东家亲戚。郑裕彤的这一举动得到了周至元的肯定，他慢慢地留意起这个有心的小伙计。

很显然，郑裕彤的表现比其他伙计更出色，而他的出色成绩也让周至元对他刮目相看，周至元认定这个小伙计将来会有前途。自那以后，周至元就有意识地培养郑裕彤，提拔他当店里的主管，还把自己的宝贝女儿嫁给了他，以便让他更踏实地替自己打理生意。

1945年，周至元让郑裕彤到香港大道去开设一家分店。为了将周大福这个分店做得比同行更加出色，郑裕彤跑遍了港九所有的金银珠宝行，集各家所长后，进行了一流的装修。不久，分店的经营就上了正轨，营业额也日涨月升。后来，周至元便把经营权全部交给了郑裕彤。至此，周大福金铺由郑裕彤独掌大旗。

从郑裕彤的成长历程中，我们不难得出一个结论：担负责任才能为自己赢得发展。强烈的责任感驱使着郑裕彤比别人付出更多的努力，最终他才取得了更大的成绩。在一个企业的内部，不同岗位的人拥有不同的岗位职责，每个人都不应该因为领导不在或者没有人监督，就放松对自己岗位职责的要求。承担责任，才会为自己赢得更大的发展。

有的人不愿意承担责任，在工作的过程中，他们假装不知道有责任和任务的存在，当事情中途出现了糟糕的局面后，便推说自己并不知道有关的任务或责任，以此来逃避，或者推卸自己应该承担的责任。

然而，世界上很少有报酬丰厚却不需要承担任何责任的好事。想要一时不负责任当然有可能，但要免除世间所有责任可得付出巨大的代价。当责任从前门进来，你却从后门溜走，你失去的可是伴随责任而来的机会！对大部分的职位而言，报酬和所承担的责任有直接的关系。

主动要求承担更多的责任或自动承担责任是成功者必备的素质。大多数情况下，即使你没有被正式告知要对某事负责，你也应该努力做好它。如果你表现出胜任某种工作的能力，那么责任和报酬就会接踵而至。

比尔·盖茨为什么那么成功？听听他关于责任的一句话你就会明白："如果你有很强的责任感，能够接受别人不愿意接受的工作，并且从中体会到付出的乐趣，那你就能够克服困难，达到他们无法达到的境界，并得到应有的回报。"

身在职场，最大的风险是什么？是不敢承担责任！如果你是聪明的人，如果你真的想让自己在职场上青云直上，那么就不要用逃避的方式保护自己，而要迎着责任前进。

企业的心声：千金易得，拥有责任心的人才难得

利润对于企业是重要的。企业如果没有利润就无法生存，但利润并非企业生存的根本，这就与我们常说的"吃饭是为了活着，而活着并不是为了吃饭"一样的道理。那么，什么是企业的生存之本呢？答案是责任。

对企业来说，最重要的客户是员工，最核心的竞争力便是员工的责任心。优秀企业都有这样的心声：千金易得，拥有责任心的人才难得。

缺失责任心的企业，也许能取得一时的辉煌，但终究不能实现可持续发展。

而与之相反，那些暂时没有利润，却有责任感的企业，并不会死亡，因为它们常常在没有利润的日子里，积极寻找各种应对的方法。在此过程中，它们的责任感赢得了外界的肯定，获得了客户的信任，使它们有力量走出危机。

是责任保证了企业基本的生存与发展的权利，而并非利润或是其他。"人可以不伟大，但不可以没有责任心。"这句话很简单也很实在。一个人只有具有高度的责任感，才能在执行中勇于负责，在每一个环节中力求完美，按质、按量地完成计划或任务。美国的微软非常重视对员工责任感的培养，责任感也成为微软招聘员工的重要标准。正是基于这一系列责任文化建设，成就了微软一流的执行力，打造出了声名显赫、富可敌国的微软商业帝国。事实上，所有的知名企业在招聘员工时，都会要求员工"工作责任心强"，把有没有责任心当作招聘员工的一个重要考核标准。

可口可乐的某分公司招聘管理人员，面试只有一道题，就是谈谈你对责任的理解。对于这样的一个问题，很多人都认为简单得不能再简单。

然而结果却出人意料：没有一个人被录取。难道可口可乐成心不想招人？

"其实，我们也很遗憾。我们很欣赏各位的才华，你们对问题的分析也是层层深入，语言简洁畅达，非常令各位考官满意。但是，我们这次考试不是一道题，而是两道。遗憾的是，另外的一道你们都没有回答。"招聘经理说。

大家哗然："还有一道题？"

"对，还有一道，你们看到了躺在门边的那个笤帚了吗？有人从上面跨过去，有人甚至往旁边踢了一下，但是没有一个人把它扶起来。"

"对责任的深刻理解远不如做一件体现责任心的小事，后者更能显现出你的责任感。"招聘经理最后说。一个没有责任感的员工不会是一个优秀的员工。每个领导都很清楚自己最需要什么样的员工，即使你是一名最普通的员工，做着最普通的工作，只要你担当起你的责任，你就是领导最需要的员工。

企业是由许多个人组成的，大家有共同的目标和共同的利益，因此，企业里的每一个人都肩负着企业生死存亡、兴衰成败的责任。这种责任是不可推卸的，无论你的职位是高还是低。

辉瑞生物制药公司的副总经理帕特·奥布瑞恩抱怨说："我们公司有些员工在工作时只想着如何做才不会让自己吃亏，凡事对自己有利就去做，稍微有些风险就害怕承担责任。"事情原本是这样的：公司研发部根据计划准备开发一种新药，可是后来做了几次初步的试验后发现存在一定的风险。眼看快到年底了，为了避免可能的研发失败而影响年终绩效考核和奖金，以及可能要承担的风险责任，研发部就打了一份报告说了一大堆理由，硬是取消了这个计划，其实这个计划是很值得做下去的。

有责任心的员工是公司的栋梁，由这样的员工组成的企业是最具竞争力的企业。一个员工如果没有责任心，那么再好的制度、管理、流程都是一种摆设。而一个有责任心的员工，会竭尽全力做好他应该做的事，他是以一种主人翁的责任感去做事。公司拥有这样的员工，还愁不能发展壮大吗？邓建军就是这样的一个员工，他是江苏常州黑牡丹（集团）股份有限公司的高级技工，是21世纪全国首批七个"能工巧匠"之一,是全国职工职业道德建设十佳标兵。

是什么让邓建军在一个普普通通的岗位上,获得如此多的荣誉呢?这得益于他的责任心,是负责的精神激发他取得了令人刮目相看的成绩。

在邓建军刚参加工作的那几年,是中国纺织企业正告别传统"金梭银梭"的年代,国内企业特别缺少机电一体化的技术工人。邓建军凭着自己的努力,最终成长为新时代的技术工人,成长为一名优秀的员工。

有一次,黑牡丹公司有一批进口剑杆织机急需改造,几十台机器的各种电气线路如一团乱麻,图纸不知去向。一块线路板有2000多个点需要一一测试、分析、测算,要想改造这些进口货,任务十分艰巨。邓建军从最起码的制图工作开始做起,每天蹲在机器旁边14个小时以上。经过他的一番创造性的努力,这些机器终于改造好了,为企业节省了大笔的资金。

在工作中,邓建军一直努力为企业创造效益,并把为企业创造效益当作自己义不容辞的责任。

2002年8月,世界流行的新产品竹节牛仔布在黑牡丹公司遇到生产告急,如不能按期交货,公司不仅会丢掉400万美元的订单外加付违约金,还要将市场拱手让人。邓建军带着科研小组奋战15个昼夜,自行设计安装了4台分经机,成本仅为进口设备的1/8,保证了公司按时交货。客户满意之余,又续签了数百万美元的新订单。

综观当今世界,企业间更新、淘汰的速度越来越快,呈现出令人眼花缭乱的景象。当一些著名大企业江河日下、难挽颓势之时，一大批中小企业却如旭日初升，蒸蒸日上。每天都有新的公司创立，同样每天都有一些公司倒闭，更加明显的是企业的寿命越来越短，企业要想保持昔日辉煌越来越难了。从某种意义上说，市场竞争是一场不进则退、永无止境的竞赛。

员工的责任心就是企业的竞争力，企业呼唤拥有责任心的人才。员工的责任心越强，企业的损耗就越低，效益就越高；反之，如果企业员工的责任心缺失，再强大的企业也终会倒闭。

三星集团CEO李亨道说："钱很容易有，但是要有各方面的人才。因为战略是人制定的，也是人执行的。集中发展和多元化要看各个企业不同的现实，但是不管哪种情况，关键都是拥有各行各业的人才储备。"如果一个团队里的成员缺乏责任意识，就不会对有助于团队发展的一些改变有足够的兴趣和热情，即使领导者认为努力就会有结果。

"千金易得，拥有责任心的人才难得"，这是企业的共同心声。由富有责任心的员工组成的企业，将会永远立于不败之地。

责任提升能力：承担责任让人变得更强

"人生所有的履历都必须排在勇于负责的精神之后。"对于一个企业来说，员工的责任感要比他的能力更加重要。但凡有成就的人，都有一个共同的特点，那就是强烈的责任感。正因为这种责任感，他们的能力不断提高，平台也不断扩大。具备担当意识和责任感的人，必然会在工作中获得更多的发展机会。

承担责任的人，能力在责任的承担中不断增强；逃避责任的人，能力会在逃避和推脱中日渐萎缩。承担责任，弱者可以变为强者，强者可以变得更强。逃避责任，强者会变为弱者，弱者会越变越弱，直至被淘汰。

理查德是德国的一位工程技术人员，因为德国国内经济不景气，他来到美国。由于举目无亲，他根本无法立足，只得到处流浪，直到得到一家小工厂厂长的青睐，雇用他担任制造的技术人员。理查德是一个对工作善于钻研的人，很快便掌握了发动机制造的核心技术。就在这个时候，美国福特公司有一台发动机坏了，公司所有的技术人员都没能修好。正在一筹莫展的时候有人推荐了理查德，福特公司马上派人来请他。

理查德要了一张席子铺在发动机旁，先聚精会神地听了3天，然后又要了梯子，爬上爬下忙了多时，最后他在发动机的一个部位用粉笔画了一道线，写下了"这儿的线圈多绕了16圈"。福特公司的技术人员按照理查德的建议，拆开马达把多余的16圈线取走，再启动，发动机正常运转了。

福特公司总裁福特先生得知后，对这位技术员十分欣赏，先是给了他10000美元的酬金，然后又亲自邀请理查德加盟福特公司。但理查德对福特先生说，他不能离开那家小工厂，因为那家小工厂的厂长在他最困难的时候帮助了他。

福特先生先是觉得遗憾，继而感慨不已。福特公司在美国是实力雄厚的大公司，人们都以进福特公司为荣，而这个人却舍弃这样的机会。

不久，福特先生做出收购理查德所在的那家小工厂的决定。董事会的成员都觉得不可思议，这样一家小工厂怎么会进入福特的视野呢？福特先生意味深长地说："因为那里有理查德！"那些对自己的工作抱有强烈责任感的人，无论在多么不起眼的位置上，无论能力多么平凡，最终都将赢得领导的青睐和同事的尊敬。

责任心是衡量一个员工能力和业绩的重要标准。一个员工能力再强，如果他不愿意付出，就不能为企业创造价值，而一个愿意为企业全身心付出的员工，即使能力稍逊一筹，也能够创造出最大的价值。这就是人们常常说的"用B级人才办A级事情，用A级人才却办不成B级事情"。一个人有无能力固然重要，但最关键的还在于这个人才是不是企业真正意义上负责任的员工。

王东是某集团公司的员工，进入公司后一直都非常努力，并取得了突出的成绩，领导非常赏识他，他成了领导身边的红人。很快，他被提拔为销售部经理，工资一下子长了两倍，还有了自己的专用汽车。

"我现在已经是经理了，再说领导并不会检查我做的每一件事情，我做得再好，他也不知道啊！"王东这样想。他学会了投机取巧，学会了察言观色和想方设法迎合领导，不把心思放在工作上，而是放在揣摩领导的意图上。如果他认为某件事情领导要过问，他就会将它做得很好；如果他认为某件事情领导不会过问，他就不会做好它，甚至根本就不做。终于，在公司的一次中高层领导会议中，领导发现王东隐瞒了工作中的很多问题。谁愿意被人欺骗呢？领导一怒之下把王东解聘了。

王东被解雇，其原因不在于其能力不行，而在于他责任心不强。现在，很多企业都把选用人才的标准由注重能力变为对员工责任心的考察。在华为公司，其文化的核心价值观念之一就是："认真负责和管理有效的员工是我们公司最大的财富。"在IBM，每个人坚守和履行的价值观念之一就是在人际交往中永远保持诚信的品德，永远具有强烈的责任意识。

责任不仅是一种品德，更是一种能力，而且是其他能力的统帅与核心。缺乏责任意识，其他的能力就失去了用武之地。所以，在这些企业中，责任胜于能力，责任更能提升能力。中国一航西安飞机工业集团铆装钳工万胜强就是很好的例子。

万胜强主要从事国外航空零部件加工工作，他由一名普通的技校毕业生，迅速成长为国外航空零部件生产中的高级技能人才。参加工作10余年，他将企业当成是自己的家，胸怀"航空报国、追求第一"的理念，在自己的岗位上做出了非凡的贡献。而这份成就的取得，正是源于他对企业发展的责任与荣誉感。

在一次意大利航空公司ATR72机身16段第一架份的生产中，因零件耽误而导致生产交付周期只有11天。在这么短的时间内，完成这样重的任务几乎是不可能的，但万胜强还是接下了这个任务。他与同事们发扬团结拼搏、连续作战的精神，终于以质量零问题的佳绩顺利完成任务，创造了意航16段生产的奇迹，受到西飞公司总经理的通令嘉奖。

在英国宇航公司一、二阶段，波音公司737-400客改货工作中，万胜强充分发挥了高级技术工人的能动作用，解决和排除了生产中许多疑难问题和故障，为公司转包生产上批量和新产品试制，做出了突出的贡献，成为岗位上成长起来的新一代"工人铆接技术专家"。他参加工作以来的10年间，从未发生过任何质量和技术事故。

因为对工作的责任感，使得万胜强获得了一系列荣誉。2004年10月，美国波音公司将"波音信得过员工"奖牌和证书交到他手中。波音公司凡获此殊荣的职工在任何情况下都不得解雇，万胜强成为亚洲第一个获此殊荣的工人。此外，他先后获得中国一航首届职业技能大赛飞机铆工第二名、"航空技术能手""陕西省十大杰出青年""陕西省青年突击手标兵""全国青年岗位能手"和"全国技术能手"等称号；2007年，他又获得了由共青团中央、原劳动和社会保障部在全国评选的首届"中国十大杰出青年技师"荣誉称号。可以说责任感是万胜强获得成功的重要原因。责任感最能激发人自身潜在的能力，使人不断地承受压力、挑战自我，创造性地开展工作，出色地完成各项工作任务，在承担责任的过程中不断提升自己的能力。

无论有多么优秀的能力，只有通过尽职尽责的工作才能完美地展现。不知道用奋斗担负起责任的员工，即使工作一辈子也不会有出色的业绩。能力永远需要责任来承载，只有主动承担责任，我们的才华才能够更完美地展现，我们的能力才能更快地提升。

在工作的天平上，一两责任重于千斤黄金

勇于负责的精神比黄金更珍贵。古往今来，人们都喜欢具有勇于负责精神的人。一个普通的员工，一旦具备了勇于负责的精神之后，他的能力就能够得到充分的发挥，他的潜力便能够不断地得到挖掘，从而为公司创造出巨大的效益。同时，他本人的事业会不断向前发展。

在工作和生活中，有些人总是抱着少付出、多回报的思想行事。在这种情况下，不负责任的问题就出现了。如果他们能够花点时间，仔细考虑一番，就会发现，人生的因果法则首先排除了不劳而获。因此，我们必须要为自己身上发生的一切负责。

如果我们放弃了自己应当承担的责任，或者轻视自身的责任，这就等于在可以自由通行的路上自设路障，摔跤绊倒的也只能是自己。克里·乔尼是一位火车后车厢的刹车员，他聪明、和善，常常面带微笑，因而受到乘客们的欢迎。

一天晚上，一场暴风雨不期而至，火车晚点了。克里抱怨着，这场暴风雨迫使他在寒冷的冬夜里加班。就在他考虑用什么样的办法才能逃掉夜间的加班时，另一个车厢里的列车长和工程师对这场暴风雨警惕了起来。

这时，两个车站间，有一列火车发动机的汽缸盖被风吹掉了，不得不临时停车，而另一辆快速车又不得不换道，几分钟后要从这一条铁轨上驶来。列车长赶紧跑过来命令克里拿着红灯到后面去。克里心里想，后车厢还有一名工程师和一名助理刹车员在那儿守着，便笑着对列车长说："不用那么急，后面有人在守着，等我拿上外套就去了。"列车长一脸严肃地说："一分钟也不能等，那列火车马上就要来了。"

"好的！"克里微笑着说，列车长听完了他的答复后又匆匆忙忙向前部的发动机房跑去了。

但是，克里没有立刻就走，他认为后车厢里有一位工程师和一名助理刹车员在替他扛着这件工作，自己又何必冒着严寒和危险，那么快跑到后车厢去。于是他慢悠悠地向后车厢走去。

他走到离车厢约10米的地方，才发现工程师和助理刹车员根本不在里面，他们已经被列车长调到前面的车厢去处理另一个问题了。他加快速度向前跑去，但是，一切都晚了，在这可怕的时刻，那辆快速列车的车头，撞到了克里所在的这列火车上，受伤乘客的呻吟声与蒸汽泄漏的咝咝声混杂在一起。

后来，当人们去找克里时，他已经疯了，随后被送进了精神病院。

克里因为没有尽到自己的责任，而导致了悲剧的发生，自己也受到了严重的伤害。由此可见，在工作中，我们一定要坚持自己的责任。只有这样，才能成为企业的优秀员工，个人也才能获得更好的发展。

在当今这个时代，虽然到处都呈现出一片日新月异的景象，为人们提供了很多发展自己人生和事业的机遇，但是受社会影响，许多人的身上也滋生出了一种自由散漫、不受约束、不负责任的毛病。他们认为，在这个时代里，谋求自我实现、自我发展是件天经地义的事，而忘了只有责任感才能够让个人的价值得到实现，只有具备尽职尽责精神的人，才会受到别人的重视和提拔。

生活总是会给每个人回报的，无论是荣誉还是财富，条件是你必须转变自己的思想和认识，努力培养自己负责任的工作精神。一个人只有具备了负责的精神之后，才会产生改变一切的力量。工作的底线是负责。改变态度，努力培养自己勇于负责的精神，你将成为工作与生活中的赢家。

李思林大学毕业之后在一家保险公司做业务代表。这是一项很让人头痛的工作，因为很多人都对保险业务员敬而远之，所以，李思林的工作开展起来很困难。

办公室的其他业务员整天对自己的这份工作抱怨不停："如果我能找到更好的工作，我肯定不会在这里待下去。""那些投保的人太可恶了，整天觉得自己上当了。"当然，这些人只能拿到最基本的薪水。

李思林和他们不一样。尽管李思林对现状也不是很满意，薪水不高，地位不高，但是李思林没有放弃，因为他知道，与其说是放弃工作，不如说是在放弃自己。在这个世界上，没人强迫你放弃自己，除非你主动为之。

于是，李思林主动寻找客户。他熟记公司的各项业务情况，以及同类公司的业务，对比自己公司和其他同类公司的不同，让客户自己去选择。有些人很希望多了解一些保险方面的常识，但是他们对保险业务员的反感使他们在这方面的知识很欠缺。李思林知道这些情况之后，主动在社区里办起"保险小常识"讲座，免费讲解。

人们对保险有了更多的了解，也对李思林有了好印象。这时，李思林再向这些人推销保险业务，大家没有反感，而是乐于接受。李思林的工作业绩突飞猛进，当然薪水也有了很大的提高。

李思林的成功说明了这样一个道理：在工作的天平上，责任比黄金更重要。对自己的工作负责，是李思林能获得成功，而其他人却碌碌无为的原因。

当你尝试着对自己的工作负责时，就会发现，你还有很多的潜能没有发挥出来，你比以前要出色很多倍，你会在平凡单调的工作中发现很多的乐趣，你的自信心也会得到提升，因为你能做得更好。

责任重于黄金。当你尝试着对自己的工作负责的时候，你的生活会因此改变很多，你的工作也会出现一个崭新的局面。尝试着对自己的工作负责，这是一种工作态度的改变，这种改变会让你重新发现生活的乐趣、工作的快乐。

第 3 章

"责任地"里刨黄金，
发掘工作中的金矿

每人都有一块"责任地"，认清责任才能承担责任

企业中每个人都有自己的责任，只有更好地承担责任，才能获得良好的发展。有些人之所以在工作中出现问题，就是因为不清楚自己的责任，他们把本该属于自己的责任看成与自己无关的，所以没有尽心尽力地去做。当他们认清自己的责任，知道哪些是自己分内必须做好的，哪些是在做好分内工作的基础上才可以做的，他们才不会顾此失彼，才会主次兼顾，才会把决定要做的事情做好。做好该做的事情，是一种崇高的责任，也是优秀员工必须具备的品质。当你明确了自己的责任后，你才会统筹安排，拿出最佳的方案，效率与质量并重，把工作做得趋于完美、无可挑剔。

学会认清责任，是为了更好地承担责任。首先要知道自己应该做什么，然后才知道自己该如何去做，再去想怎样做才能够做得更好。明确个人的责任，可以减少对责任的推诿。只有在责任界限模糊的时候，人们才容易互相推脱责任。在

企业里，尤其要明确责任。南京明城墙是我国保存比较完整的古城墙，也是世界上现存最大的古代砖墙，这与它所用成砖的质量不无关系。据记载，该城墙所用成砖都是由长江中下游附近的150多个府（州）、县烧制的，砖的侧面刻着铭文，除时间、府县外，还有4个人的名字，分别是监造官、烧窑匠、制砖人、提调官（运输官）。

砖上刻人名的用意，用现在的话来说，就是职责分明、责任到人。参与人员的名字都刻在砖上，清清楚楚，一目了然，一旦出现问题，谁也赖不掉。无论监造官、提调官，还是烧窑匠、制砖人，哪个环节出了问题，一样要被追究责任。这就使得参与人员丝毫不敢懈怠，尽职尽责地努力工作。最后交砖时，检验更为严格，由检验官指挥两名士兵抱砖相击，如铿锵有声、清脆悦耳而不破碎，属于合格；如相击断裂，责令重新烧制。

正因为责任如此清楚，才保证了成砖质量上佳，以至于南京明城墙历经600多年的风雨，仍巍然屹立。这个例子给我们带来的启示——一个企业一定要有明确的责任体系。权责不明不仅会出现责任真空，还容易导致各部门之间或者员工之间互相推卸责任，把自己置于责任之外，使整个公司的利益受到损害。明确的责任体系，是让每一个人都清楚自己该做什么，应该怎么做。

明白自己的责任，是为了更好地承担责任。无论我们身在何处，都有一份责任，社会、国家、企业、家庭正是因为有了一个又一个成员承担起自己的责任，才得以稳定，才具有让每一个人受益的良好秩序。

很多时候，当事人竟相推卸责任，是责任不清造成的。在执行任务之前，有的人确实没搞清自己该承担什么样的责任，只是盲从或者被动地执行，当让他承担责任时他一下接受不了，推卸责任是一种出于本能的自我保护；有的人是故意模糊责任，甚至混淆责任，为自己推卸责任制造借口。

其实，解决这个问题很简单，只要明确了参与执行人员的责任，让他们清晰地认识到哪些责任是不可推卸的，他们就无法找到推卸的借口了。

一是要弄清楚自己该承担的责任，而不要寻找为自己开脱的借口。

二是明白自己该负有哪些责任，你才可能承担起属于你的责任。

三是明白自己的责任是什么，不要首先想到别人的责任，更不要把责任推到别人身上。

四是明白自己的责任是最基本的职业要求，一个连自己的责任都不清楚的人，不可能承担起更多更重要的责任。

五是弄清楚自己的责任，你才知道自己能不能承担起这份责任，如果不能，就要尽早提出来，以免因为自己能力不足给单位或团队造成巨大损失。

只有认清自己的责任，才能知道该如何承担自己的责任，正所谓"责任明确，利害相关"。在一家企业里，每个人都有自己的责任。但要注意区分责任和责任感是不一样的概念，责任是对任务的一种负责和承担，而责任感则是指一个人对待任务的态度，一个员工不可能去为整个公司的生存承担责任，但你不能说他缺乏责任感。

每个人都有一块自己的"责任地"，只有明确自己的责任，才能减少对责任的推卸，提升承担责任的能力。让我们每个人在自己的"责任地"上精心耕耘吧。

只要拥有责任心，黄土也能变黄金

责任具有非常的魔力，只要拥有责任心，黄土也能变黄金。如果全社会成员都竭尽全力尽好自己的责任，无数个责任心的凝聚将生成一种无坚不摧的伟大力量。成功者和失败者的最大区别并不在于他们各自做了多少工作，而是在于他们是否在工作中承担了责任，是否挖掘出自身的能量为实现人生目标而努力。

责任首先是员工的一份工作宣言，在这份工作宣言里，首先表明的是你的工作态度。对工作负责的人惜时如命，热爱工作。一位功成名就的老者一语道出他成功的秘诀："工作是生活的全部核心。"

在一个普通的餐厅里，有一个叫作李丽的女服务生，工作起来非常卖力，她整天跑前跑后，拿订单、送食物、擦桌子、收饭款、倾听顾客的抱怨。做这一切，她一直微笑着，丝毫没有感觉到工作的劳累。

曾有人问李丽，她是怎样做到这些的。李丽从口袋里掏出随身携带的照片，照片上是她的儿子，李丽看着儿子的照片，幸福地说："我是一位单亲母亲，儿子要靠我抚养。如果我工作干得不好，如果我不好好对待顾客，我就不能照顾好儿子。我必须要对我的工作负责！"对李丽而言，她将对儿子的爱转化为工作的动力，充满责任感地去工作，并在工作中自得其乐。有多少人能做到这样呢？

我们常常喜欢从外部环境中为自己寻找理由开脱，不是抱怨职位、待遇、工作中的环境，就是抱怨同事、上司。很少有人从自己下手，分析一下情况，挖掘自己的责任感，让自己集中精神，投入自己的工作之中。

吴灿辉是一家报社的记者，10多年过去了，一直没有发展的机会，职位和薪水也不是很理想。有一段时间，他甚至想辞职，但是又害怕辞职后一旦找不到合适的工作，就得面临失业的问题。犹豫一番后，最终还是安慰自己："算了吧，就这样混下去吧，到了别的公司也一样。"

有一天，他和一个朋友去聚会，又在餐桌上抱怨自己的工作环境。这位朋友一脸严肃地说："造成现在这种情况，你思考过原因吗？你尝试过了解你的工作、在你的内心深处对这份工作有一种责任感吗？你是否在工作中，真正把它当成一项事业而认认真真努力过？如果你仅仅是因为对现在的工作职位、薪水感到不满而辞去工作，你也就不会有更好的选择。假如你真正这样努力尝试过之后，依然没有变化，再辞职也不迟。"

这位朋友的话对吴灿辉深有触动，他尝试着让自己重新开始，以对工作负责的态度去处理自己的工作。结果，感觉和效果完全不同，不满情绪也渐渐消失了，很快受到上司的提拔和重用。如果每个人在工作中，都尝试以更加负责的态度应对工作，我们所得到的远远比现在的要多。

许多人没有将责任感投入自己的工作中，只是被动地应付工作，为了工作而工作。所以在工作之中得过且过地混日子，只是机械地完成任务。其实无论从事何种工作，只要拥有责任心，在自己的岗位上总能获得不平凡的成绩。

于志远在30年前是一名普通的搓澡工，那时候"保健按摩"的概念还没有广泛传播。于志远刚入这个行当的时候，自己也看不起这样的职业，工作一度懈怠。有领导看到后对他说："你这是不安心服务工作。"领导的批评激励了于志远，他决定认真做一名搓澡工，对自己的工作负责，对自己的人生负责，在这个别人看不起的搓澡工的岗位上干出个样儿来。

从此，于志远成了浴池最勤快和最用心的人。只要花心思，行行都能出状元。经过用心练习，于志远成了技艺精湛的保健按摩师。在当时，中国保健按摩行业还缺乏技术标准，针对这一状况，于志远还编写了保健按摩的专著，填补了国内空白。从一个对前途迷茫的搓澡工到中国保健按摩职业的开创者、第一套保健按摩手法的创立者，于志远的成功表明，只要对自己的工作充满责任心，任何工作都能干出名堂。

在很多人看来，要成就一番事业，应该有高起点、高平台，如果岗位一般、环境不佳，那就很难有什么大成就。其实，平凡的岗位上可以取得卓著的成绩，平凡的事物中也可以孕育出不凡的作为。工作中的高低之分，并不在于工作本身，也不在于起点，而是在于每个人是否对自己的工作怀有责任感。

"只要拥有责任心，黄土也能变黄金"，这不是一句空话。如果你做每一件工作都拥有责任心，将工作作为自己的事业来做，你一定会从那些花费大部分时间只关心休息、福利、薪水和下班时间的人中脱颖而出。最终，你将在精神上和物质上获得双重丰收。

责任激发潜能，填补"能力空白"

把重大的责任放在一个人的肩头上，这样情势的要求自然会把他全部的潜能激发出来。如果重大的责任降临到你的身上，请开心地接受吧，它是你走向成功的绝好机会。

一般来说，一个人的才能来源于他的天赋，而天赋又不大容易改变。但实际上，大多数人的才能是潜伏着的，必须要外界的事物予以激发。在法国一个位于野外的军用飞机场上，一位名叫桑尼耳的飞行员正在专心致志地用自来水清洗战斗机。突然，他感到有人用手拍了一下他的后背。回头一看，他吓得大叫一声，拍他的哪里是人，一只硕大的狗熊正举着两只前爪站在他的背后！桑尼耳急中生智，迅速把自来水枪转向狗熊。也许是用力太猛，在这万分紧急的时刻，自来水枪竟从他手上滑了下来，而狗熊已朝他扑了过来……他闭上双眼，用尽吃奶的力气纵身一跃，跳上了机翼，然后大声呼救。警戒哨里的哨兵听见了呼救声，急忙端着冲锋枪跑了出来。两分钟后，狗熊被击毙了。

事后，许多人都大惑不解：机翼离地面最起码有2.5米的高度，桑尼耳在没有助跑的情况下居然跳了上去，这可能吗？如果真是这样，桑尼耳不必再当飞行员了，而应当做一名跳高运动员，去创造世界纪录。

然而，事实确实如此。后来桑尼耳做了无数次试验，再也没能跳上机翼。

人们越来越怀疑此事的真实性。一位研究人体潜能的专家说："此事完全有可能发生。人在遇到危急情况时，体能会分泌一种奇异的激素，此激素能激发出人体所潜藏的超常能力。情况越危急，潜能越易发挥，而在平常情况下，潜能处于沉寂状态。"将责任植根于自己的意识中，在平时的工作中，这种责任意识会激发你的潜能，不断让自己走向成功。

一位著名的企业家说："当我们的公司遭遇到了前所未有的危机时，我突然不知道了什么叫害怕，我知道必须依靠我的智慧和勇气去战胜它，因为在我的身后还有那么多人，可能就因为我，他们从此倒下。我不能让他们倒下，这是我的责任。当我走出困境时，我明白了一个道理，唯有责任，才能让你超越懦弱，坚强起来。"

因此，在责任面前，人们会激发自己的潜能，最终将会发现自己变得勇敢而强干。比尔出生时，大夫不慎用镊子夹碎了他大脑的一部分，致使他的左脑神经系统瘫痪，影响到说话、行走和对肢体的控制。比尔长大后，人们都认为他的神志有严重的缺陷和障碍，州福利机关将他定为"不适于雇用的人"，专家也认为他不适合去工作。但比尔的母亲并不这么认为，她一直在鼓励他做一些力所能及的事情，经常对他说："你能行，你能够工作，你能够自立！"在母亲的鼓励下，比尔从未将自己视为残疾人，开始从事推销工作。

起初，比尔去福勒刷子公司应聘，这家公司说他根本不适合工作，拒绝了他，接下来的几家公司也采取同样的方式拒绝了他。但比尔没有放弃，最后怀特金斯公司很不情愿地接纳了他，让他去根本无人愿意去的波特兰—奥根地区开展业务。虽然条件很苛刻,但毕竟有工作了,比尔立即答应了。

第一次上门推销时,比尔犹豫了四次才鼓起勇气按响门铃,可这家人并没有买他的商品,第二家、第三家也如此……但他并没有放弃,比尔认为既然公司雇用了他,那么,他就要对公司负责,这种责任意识推动他不断去完成难以完成的任务。同时,比尔以对事业的必胜信心作为精神支柱,即使顾客对产品毫无兴趣,甚至嘲笑他,他也不沮丧。最终,他取得了成绩,而且成绩由小到大,节节攀升。

比尔每天花在工作和路上的时间共14个小时,等他晚上回到家时,已经筋疲力尽了,关节痛、偏头痛也经常折磨着他。每隔几周,他都要打印一份顾客订货清单,可他只有一只手是管用的,在别人看来非常简单的工作,他要花去10个小时。

他负责的地区越来越多的门被他敲开,越来越多的人乐意购买他的商品,业绩也不断攀升。工作了24年后,他已经成为销售技巧最好的推销员。

20世纪90年代,比尔60多岁了,怀特金斯公司也拥有了6万多名推销员,但他们都是在各地商店推销商品,唯独比尔一个人仍在干着上门推销的工作。许多人都在折扣店成批地购买怀特金斯公司的商品,这使得比尔的上门推销越来越困难,面对这种形势,比尔付出了更多的勤奋和努力。

1996年夏天,怀特金斯公司在全美建立了连锁机构,比尔再也没必要上门推销了,此时比尔已成了怀特金斯公司的特殊"产品"。他是公司有史以来最优秀的推销员、最成功的推销员,公司向人们宣传比尔的事迹,塑造比尔的形象,这些都彰显了公司的实力。公司还把最高荣誉的杰出贡献奖颁给了比尔。比尔身患残疾，在工作中他面对的是常人无法想象的困难，但他内心强烈的责任意识使他战胜了这一切，使他在困难与挫折面前坚强勇敢地完成自己的工作，最后他成功了。而一个逃避困难、不敢面对挑战的员工，很难让人相信他会为企业担当责任。

责任是足以引爆"生命潜能"的东西。从来没有担当过需要负责任职位的人，绝不会激发潜能。许多人一直默默无闻，其原因就在于从来没有重大的责任交付于他们担当，这就无法激发他们最伟大的"生命潜能"。于是，他们只是依照着别人所规划的去做，从不想另辟蹊径来表现自己的才能。

所以，面对责任，不要逃避，勇敢地迎上前去，让责任激发你的潜能，让一切皆有可能。

责任=机会：承担责任，让任务变成机遇

责任和机会是成正比的，没有责任就没有机会。责任越大机会就越多，谁承担了最大的责任，谁就拥有最多的机会。拥抱责任，就是把握机会；靠近责任，才能赢得机会；承担责任，才能迈向成功；尽到责任，最终让你脱颖而出。

机会总是藏在责任的背后，只有聪明的人，才能够看到它。拥抱责任的人，实际是抓住机会的人；逃避责任的人，看似聪明，实际是放弃机会的人。当你觉

得自己缺少机会或职业道路不顺畅时，不要抱怨他人，而应该问问自己是否负起了责任。一个公司有三个大分厂，一分厂历来管理基础较好，但规模较其他两个分厂小一些。一分厂的厂长姓林，正是在他的一手经营下，一分厂才有了良好的业绩。

后来，董事长决定调林厂长到三分厂当厂长。

三分厂是公司规模最大、设备最先进、管理却是最混乱的一个分厂。之前已经有好几个厂长分配到那里，都无功而返。因此，得知调动消息时，林厂长很矛盾，如果不去，董事长可能不高兴；如果去的话，一旦搞砸了，想再回一分厂都不行了；而且，由于多年管理一分厂，一切工作运作程序早就规范化了，管理起来很轻松。

思量再三，林厂长还是答应调往三分厂，因为他意识到搞好三分厂这一重要责任的后面，隐藏着巨大的机会：如果搞好了，就可以进一步证明他的能力，就可以从所有分厂厂长中脱颖而出。

半年多的时间过去了，原来最混乱、生产能力最低的三分厂，一跃成为整个公司的生产管理标杆区，各项指标均占据首位。

责任就是机会，承担起责任的人，不一定马上得到大的回报，但总会得到应有的回报。董事长决定把三分厂的经营管理权下放给林厂长，并给他年薪80万元。林厂长原来的工资，每月只有5000元。林厂长不畏风险担当责任，终于得到了应有的报酬。其实，无论你多么普通，只要你敢于拥抱责任，那么机会也就被你握在了手中。

第 3 章
"责任地"里刨黄金，发掘工作中的金矿

所以，不要抱怨你自己没有机会，应该扪心自问，当机会来临的时候，你在干什么？你认真分析过你手头的工作能给你带来什么样的成就和好处吗？你认真思考过怎样把这份普通的工作做到最好，成为行业第一吗？你是不是常常在羡慕别人的职位和薪水，而忘记了自己的工作呢？

世界上最大的金矿不在别处，就在你自己身上，而我们常常在别处不断地寻找。只要我们认真对待我们的工作，以一颗责任心面对我们的工作，在工作中不断思考，就能发现机会，创造不同凡响的人生。

"机会在哪里？"这是很多人，尤其是那些渴望在事业上取得成功的年轻人经常挂在嘴边的一句话。事实上，机会就在每一个人的身边。有很多人抱怨机会太少，主要有以下几个原因：

一是缺乏抓住机会的能力，只能眼睁睁地看着机会从身边溜走，除了慨叹"别人机会那么多，我却没有机会"外，什么也做不了；

二是机会来了，却没有做好准备，甚至"缺位"了；

三是没有认识到责任就是机会，见到责任就躲，结果把机会也躲掉了。

上述三种情形中，第三种是最常见的，很多人都吃过这方面的亏。当上级安排任务时，他们的第一个反应就是："麻烦事来了。"或者说："这是额外的责任，我不能去承担。"像这样的员工，无论在什么样的企业都不会有太大的发展。因此，当你觉得自己缺少机会或者是职业道路不顺畅时，不要抱怨环境，而应该问问自己是否承担了责任。

43岁当上全球快餐巨头麦当劳CEO的查理·贝尔，是第一位非美籍的麦当劳公司掌门人，而且也是麦当劳最年轻的首席执行官。谁也没想到的是，拥有如此显赫头衔的他，最初却只是澳大利亚一家麦当劳分店打扫厕所的临时工。

查理·贝尔的职业生涯始于15岁。1976年，年仅15岁的贝尔于无奈之中走进了一家麦当劳店，他想打工赚点零用钱，也没有想到以后在这里会有什么前途。他被录用了，工作是打扫厕所。虽然扫厕所的活儿又脏又累，但贝尔却对这份工作十分负责，做得十分认真。

他是个勤劳的孩子，常常是扫完厕所就擦地板；擦完地板，又去帮着别人翻正在烘烤的汉堡包。不管什么事他都认真负责地去做，他的表现令麦当劳打入澳大利亚餐饮市场的奠基人彼得·里奇心中暗暗喜欢。没多久，里奇说服贝尔签了员工培训协议，把贝尔引向正规职业培训。培训结束后，里奇又把贝尔放在店内各个岗位上。虽然只是做钟点工，但悟性出众的贝尔不负里奇的一片苦心，经过几年锻炼，全面掌握了麦当劳的生产、服务、管理等一系列工作。

19岁那年，贝尔被提升为澳大利亚最年轻的麦当劳店面经理。贝尔的成功说明了这样一个道理：作为一名雇员，如果你能对工作有一种强烈的责任感，那么你肯定是一个容易成功的人。因为由于你的责任感和不断的努力，公司才得到了长足的发展，领导最先奖赏的自然就是你。你为公司付出你的责任感，公司当然也会对你的发展负责，你将会得到领导的赏识，这样你自然就能脱颖而出了。

可以这么说，机会就蕴藏在责任之中。责任就等于机会，承担责任的人，不一定马上会得到回报，但最终总会得到回报。责任和机会的关系，分析起来有以下三种情形：

①责任与机会合二为一。比如，某公司有一个重要项目需要实施，董事长提出竞争上岗，谁做好了，谁就是下任董事长。谁都看得出来，做好项目既是责任也是机会。

②责任中隐藏着机会。比如，领导对一位员工说："你去开发西北市场。"表面看来，领导是给员工一个任务，实则是给员工一个机会，因为如果开发西北市场成功了，这位员工可能获得西北市场总经理的位置。

③机会中隐藏着责任。比如，领导任命某员工为副总经理。从表面上看，这是一个机会，事实上，它同时又有责任。抓住做副总经理这个机会，意味着要承担起一个合格的副总经理应当承担的责任。

上面三种关系，归纳起来实际上就是一种关系：责任=机会。让我们担负起责任，将任务变成自己发展的机遇。

责任有多大，舞台就有多宽广

责任有多大，舞台就有多宽广。你承担多大的责任，就会有多大的成功。无论你在哪个职位上，都不要轻视自己的工作，都要担负起工作的责任来，而且尽可能多的承担责任。那些在工作中推三阻四，老是埋怨环境，寻找各种借口为自己开脱的人，对这也不满意，对那也不满意的人，往往是职场的被动者，他们即使工作一辈子也不会有出色的业绩。

员工的优秀只有通过尽职尽责的工作才能得到完美的体现。徐威是一家私营企业的小会计。有一次，他看见公司的一位宣传员在为公司编撰一本宣传材料。但是，他发现这位宣传员文笔生疏，缺乏才情，编出来的东西无法引起别人的阅读兴趣。徐威因为平时喜爱写作，有些文采，便主动编出一本几万字的宣传材料，送到了那位宣传员的面前。

那位宣传员发现，徐威所编撰的这本材料文笔出众，远超过自己的水平。他大喜过望，舍弃了自己编的东西，把徐威编的这本材料交给了总经理。

总经理详细地把这本宣传材料看了一遍，第二天，把那位宣传员叫到自己的办公室。

一番询问后，总经理得知是徐威代笔，于是徐威也被叫到办公室。

"小伙子，你怎么想到把宣传材料做成这种样子？"总经理问他。

"我觉得这样做，既有益于对内部员工进行宣传，灌输我们的企业文化、理念和管理制度，更有益于对外扩大我们企业的声誉，加强我们的企业品牌，有利于产品的销售。"徐威说。

总经理笑了笑说："我很喜欢它。"

这次谈话没几天，徐威被调到了宣传科任科长，负责对外宣传自己的企业。不到一年时间，他因为在工作中表现出色，被调到总经理办公室担任助理。有人认为，尽职尽责完成分配的任务即可，但事实却证明这还远远不够，还需要多做一些事情，多承担些责任。这样，你才能脱颖而出。也许你的投入无法立刻得到相应的回报，但不要气馁，要一如既往地付出，回报可能会在不经意间，以出人意料的方式出现。

你是不是经常环顾周围的人，认为"只要有机会让我做他们的任何工作，我一定会比他们做得更好"，却忽略了他们为了获取这份工作，保有这样的职位而承担过多少责任？

上帝是公平的，他总是把最大的奖赏赐予那些能尽职尽责的人。曾任外交学院副院长的任小萍说，在她的职业生涯中，每一步都是组织上安排的，自己并没有什么自主权。但在每一个岗位上，她都有自己的选择，那就是要比别人做得更好。

大学毕业那年，她被分到英国大使馆做接线员。在很多人眼里，接线员是一个很没出息的工作，但任小萍在这个普通的工作岗位上做出了不平凡的业绩。她把使馆所有人的名字、电话、工作范围甚至连他们家属的名字都背得滚瓜烂熟。当有些打电话的人不知道该找谁时，她就会多问，尽量帮他（她）准确地找到要找的人。慢慢地，使馆人员有事外出时并不是告诉他们的翻译，而是给她打电话，告诉她谁会来电话，请转告什么事情等。不久，有很多公事、私事也开始委托她通知，使她成了全面负责的留言点、大秘书。

有一天，大使突然跑到电话间，微笑地表扬她，这可是一件破天荒的事。没多久，她就因工作出色被破格调去给英国某大报记者处做翻译。

该报的首席记者是个名气很大的老太太，得过战地勋章，受过勋爵，本事大，脾气大，甚至把前任翻译给赶跑了，刚开始时她也不接受任小萍，看不上她的资历，后来才勉强同意一试。结果一年后，老太太逢人就炫耀："我的翻译比你的好上10倍。"后来，工作出色的任小萍又被破例调到美国驻华联络处，她干得同样出色，不久即获外交部嘉奖。任小萍对自己的工作负责，将自己的岗位当作展现自我的舞台，为自己赢得了发展。作为一名员工，责任的正面也许是压力重重，但责任的背后就是机会多多，要知道一个人承担的责任越大，获得的成就也就越大。

如果你的领导把责任交给你，你应该感到骄傲，因为你有能力承担责任，而其他人却没有。如果你的领导让你承担十分重大的责任，你应该感到自豪，因为承担多大的责任，就有多大的成功。

有人说，证明自己的最有力的证据，就是勇敢地承担责任，而不是想方设法推卸责任。还有人说，当你为自己的成功担负起责任时，工作对于你来说就变成了一次寻宝的快乐历险。

事实上，许多员工对责任有着畏惧心理，他们希望企业能给予一个宽松的环境，希望能从领导那里得到对每一项工作的明确指标，也希望领导复查每一项工作，如果出现纰漏那么可以大家一起承担责任。很明显，这样的员工充其量也就是领导的手臂延伸而已，没有独立的人格，不能开动自己的脑筋，只能作为别人的附属物存在，对要求独立自主地去思考的工作是无法胜任的。

只有肩负更大的责任，才能有更多迎接新的挑战的机会，才能使得自身不断地成长与发展。

第 4 章

在责任中成长,
铺就不断进步的"金光大道"

成长比成功重要：看重责任，而非看重薪水

成长是一种责任，也是一个人实现职业常青的必由之路。对自己的成长负起责任，在工作中不断地追求进步，用自己的成长推动企业的发展，这样才称得上是尽职尽责的员工。迪克一直认为自己是一个无足轻重的人，上学时他不是成绩优秀的学生，工作时他也不是业绩突出的员工，甚至在家里他也觉得父母对其他兄弟姐妹比对他更加疼爱。他觉得所有的人都不重视他，也不需要他，所有的事情即使没有他也一样能完成，所以他理所当然地认为自己对任何人、任何事都没有义务。不过，最近迪克觉得自己不再像以前那么轻松了，似乎有某种压力来到了他的身上。

迪克所在的公司发展很快，很多和迪克同时进公司的人都依靠自己的努力得到了公司的重用。最近，公司合并另外一家公司，正在对内部人才进行调整，又

有一批同事得到了提升。迪克逐渐感到不平衡了,他问自己:"为什么公司在发展之后提升了那么多同事,唯独我没有得到重用呢?"

迪克满腹委屈和疑惑地找到了公司人力资源主管彼得先生。听了迪克的一番疑问和抱怨之后,彼得先生说道:"公司的每一名员工不仅对企业的发展负有责任,而且对自身的成长也有责任。实现自身的成长是每一位员工必须承担的责任,而对自己的这种责任和推动公司发展的责任是合为一体的。如果你过去从来没有承担过实现自身成长的责任,也没有把公司的发展当成自己的责任,那么今天在公司获得成长权利的就理所当然不是你。不过,现在想清楚这一点并不算晚,因为你还在公司,公司也会为你们提供最公平、最完善的发展机制。我希望在以后的工作中你能够全心全意地为公司的成长贡献自己的力量。路在你自己的脚下,要如何走或者要走到哪一步就全看你自己的选择了。"

听了彼得先生的话,迪克羞愧地低下了头,他过去看到别人取得进步时总以为那都是机会使然,而这种机会是可遇而不可求的。他从来都没有想到成长是一种责任,促进公司的成长也就是促进自己成长,这是一份相当重大的责任。现在他才明白自己肩上的责任有多重,才知道以后的路应该怎么走。由此可见,成长也是一种责任。一个人只有对自己的成长负责,才能对公司的成长负责,才能促进企业经营的常青发展,也才能实现自身职业的常青发展。

一个优秀的员工在成长的过程中,必须看重责任而非看重自己的薪水。对于很多人来说,他们将工作当作苦役,工作对于他们而言只是换取薪水的方式,他们看不到工作中的责任。他们总是抱怨工作枯燥,不积极努力工作。然而,问题往往不是出在工作上，而是出现在我们自己身上。如果你能够积极地对待自己的工作，并努力从工作中发掘出自身的价值，找到自己的使命感，你就会发现工作是一件非做不可的乐事，而不是一种惹人烦恼的苦役。

薪水是影响一个人工作热情的重要因素，但一个人真正的工作动力还是来源于对工作的责任以及内心对自我价值实现的渴望。

美国Viacom公司董事长萨默·莱德斯通在63岁时开始着手建立一个庞大的娱乐商业帝国。63岁，在多数人看来是尽享天年的时候，而他却在此时做出重大决定，让自己重新回到工作中。而且，他总是一切围绕Viacom公司转，工作日和休息日、个人生活与工作之间没有任何的界限，有时甚至一天工作24小时。

诸如此类的例子还有很多。那些拥有了巨额财产的人们，不但每天工作，而且工作得相当卖力。如果你跟着他们工作，一定会因为工作时间太长而感到精疲力竭。那么，他们为何还要这么做，是为了钱吗？

还是看看萨默·莱德斯通对此的看法："实际上，钱从来不是我的动力。我的动力源自我对所做的事的热爱，我喜欢娱乐业，喜欢我的公司。我有一个愿望，就是要实现生活中最高的价值，尽可能地实现。"的确如此，在责任与薪水之间，我们应该更加看重责任。

林波大学毕业后，进了一家机械厂工作，跟他一同分配来的还有四五个大学生。他们几乎没有经过什么技术培训，就被分到各个部门，担任基层管理人员。

由于他们不懂生产，不熟悉工艺流程，所学专业与实际操作又相差太远，在管理上明显感到力不从心。加之有些工人欺负他们是外行,工作中总是偷奸耍滑、偷工减料,这让他们感到非常头疼。此时,林波主动向厂长提出申请:下车间当个三班倒的工人。这个消息一传出,全厂哗然,大家都说他是个怪人,连那几个大学生对此都表示不能理解。

林波对各种议论毫不理会,到制造车间安安心心做了一名工人。他全身心地投入工作中,努力钻研各项技术,熟悉每个工种。由于他勤学好问,那些生产能手们都愿意教他,都把自己多年的经验毫无保留地传授给他。很快,他就全面掌握了生产工艺,生产中遇到的问题没有他解决不了的。两年后,他升任车间主任。面对成功,他并不骄傲自满,始终严把产品质量关,他所在车间的产品质量一直是最好的。

几年后,工厂经营不太景气,厂里决定试行承包制。林波承包了一个车间,由于他技术过硬,又勤奋好学,工人们都乐意跟他干。这时,他又拿出钻研业务的劲头投入营销中,成立了一支精干的销售队伍。由于产品质量过硬,营销自然得力,很快就打开了市场销路,林波也在全行业中成为赫赫有名的人物。到了年底,其他车间都出现了不同程度的亏损,唯有林波承包的车间赢得了巨额利润。在厂部对科室人员进行精简时,当年和他一同进厂的一些大学生因为技术不过关,大多下岗了。

薪水并不能使一个人尽职尽责地工作。只有我们把工作视为一个实现自我价值、追求卓越体验、造福社会的平台时,我们才能充分激发出内心的热情和责任感。

人人都渴望成功，只是人们往往忽略了一点：成长比成功更重要，没有成长根本无法成功。也许现时的高薪水代表了你的成功，但只有责任才能激发你永远成长，使你永远成功。

责任是使人进步的"牵引器"

很多人都习惯于按照上司的安排埋首工作，不想学习，也不对自己的工作进行客观的评价和适时改进，认为自己按照上司的指令，尽职尽责地努力工作了，即使出现了失误和漏洞，也不关自己的事。其实，这是一种极不负责任的行为，时间长了，这种行为就会使人产生惰性，从而失去创造的活力和新颖的思想。

在通用电气公司的一次项目会议上，总经理让他的下属们针对自己的工作谈一些看法，有一个部门经理站起来慷慨陈词："我现在对自己所从事的这项工作产生了一些怀疑。这两年，在首席执行官的指导下，每个部门都接到了上百个项目，有许多项目都投入大量的人力资源和资金，但往往进行到中途便不了了之，这样下去，会毁了公司的。我们难道不能抓一些大一点的项目？或者我们能不能为每一个部门分配一些不浪费人力资源和资金，又能迅速见到效益的项目？这些项目不必太多，只要能见到效益，又不会浪费我们的时间和精力，就会对我们的发展有莫大的好处。"

这位经理的一番话，震动了总经理和坐在周围的各位部门经理，他们都为这位经理勇于负责的工作精神所感动。整个下午，大家放弃了原先开会的议题，针对这位经理所提出的问题进行分组讨论，重新制定战略目标。结果，经过重新调整战略规划后，公司节省了许多开支，也加快了发展的步伐。在这个竞争激烈的商业社会里，公司和个人都面临着巨大的压力。只有每一个对工作持有认真负责态度的员工，不断质疑和改进自己的工作，才能使自己进步，并推动公司向前发展。

责任是使人进步的"牵引器"。当一个员工不能或不愿在自己的岗位上承担起应负的责任时，他将注定会成为被淘汰的对象。任何一个优秀的员工都是一个负责的员工，因为他深深明白，责任是他进步的不竭动力。

于强在一家电器公司担任市场总监。他原本是公司的生产工人，那时公司的规模不大，只有三十多人，有许多市场等待开发，而公司又没有足够的财力和人力，每个市场只能派去一个人，于强被派往西部的一个市场。

于强在那个城市里举目无亲，吃住都成问题，但他相信开发市场是自己的责任，必须要完成好。没有钱坐车，他就步行去拜访客户，向客户介绍公司的电器产品。为了等待约好见面的客户，他常常顾不上吃饭。他租了一间破旧的地下室居住，晚上只要电灯一关，屋子里就有老鼠们在那里"载歌载舞"。

那个城市的气候不好，春天沙尘暴频繁，夏天时常下暴雨，冬天天气寒冷，对于一个贫困的推销员来说，这简直就是一个巨大的考验。公司提供的条件太差，远不如于强想象得好。有一段时间，公司连产品宣传材料都供应不上，好在于强写得一手好字，自己花钱买来复印纸，用手写宣传材料。

在这样艰苦的条件下，做到毫不动摇几乎是不可能的，但每次动摇时，于强都会对自己说："这是我自己的责任，为了自己和家人也要坚持下去。"一年后，派往各地的营销人员都回到公司，其中有很多人早已不堪忍受工作的艰辛而离职了，在剩下的这些营销人员中，于强的业绩是最好的。

后来，于强凭着自己优秀的业绩当上了公司的市场总监。可以说，对自身责任的坚持，正是于强进步的阶梯。一名员工，无论从事什么工作都应当尽职尽责，尽自己的最大努力去争取进步。把尽职尽责融入自己的本职工作中，追求尽善尽美，你才能得到社会的认可，受到领导的青睐。

你是否能够让自己在公司中不断得到成长，这完全取决于你自己。如果你仅仅满足于现在的表现，凡事只做到"差不多"或者"将就"的程度，那么你在公司的地位永远都不能变得更加重要，因为你根本就没有做出重要的成绩。当公司赋予你一项重任时，一定要做到超越公司的期望，千万不要得过且过，要做就做到更好。

在追求进步方面，不要做到适可而止，一定要做到永不懈怠；在知识能力方面，不要满足于一知半解，一定要做到融会贯通——只有如此，才能成为公司中不可或缺的人物，才能成为公司发展天平上更重的一个砝码。

当责任来临时，要主动去承担

在西方有句谚语说："你看见主动自觉的人了吗？他必定站在君王的身边。"

第 4 章
在责任中成长，铺就不断进步的"金光大道"

主动的人之所以得到赏识，是因为他把负责当作成功的通行证。当负责成为一种习惯时，我们就能学到更多的知识，积累更多的经验，就能主动全身心地投入工作中。主动承担责任，你将因此受益无穷。

如果你想登上成功之梯的最高阶，就要永远保持负责的工作态度。即使你面对的是毫无挑战或毫无生趣的工作，如果你能够意识到自己的责任，那么在这种力量的推动下你就会产生主动做事的欲望，这样你终能获得回报。

主动做事就是在没有人要求你、强加于你的情况下，你能自觉且出色地做好自己的事情。成功的人很明白，任何事情都应自己主动争取，并为自己的行为负责才能圆满完成。没有人能保证你成功，只有你自己；也没有人能阻挠你成功，只有你自己。

身处职场，我们不要幻想着让公司或领导来适应你，应时刻想着自己主动去适应供职的公司和领导。如果你期待自己有一天能达到或超过你现在领导的成就，办法只有一个，那就是比你的领导更积极主动地去工作。

工作全力以赴、积极进取的员工，必然会受到幸运之神的青睐，他们很容易在职场中找到自己的位置，并获得成功。

某知名企业曾在一所名牌大学的礼堂举行专场招聘会，会上许多学生积极应聘，希望自己能进入这家公司工作，但严格的招聘条件将许多热情的学生挡在了门外。招聘会散场时，礼堂里有一把椅子的座套被碰掉在地上，陆续有学生从旁边经过，一个、两个、三个……这时一个年轻人从旁边经过，主动弯腰捡起座套，掸掉灰尘重新把它套在了椅子上。这一幕被前来招聘的该企业人力资源部经理看在眼里，他马上问身边的校领导："这个人是大四的毕业生吗？"校领导回答说，是礼堂的工作人员。这位经理惋惜地说："如果他是应届毕业生，将不需要任何面试，只要他愿意，我马上录用他！"

其实，当时只要有学生能主动弯腰将那个座套捡起来，这家名企的大门就会向他敞开。遗憾的是，至少有20多个毕业生经过了那个地方，却没有一个人弯腰将它捡起。这些毕业生们还没有养成主动做事的习惯，所以在不知不觉中与机遇擦肩而过。

在现实工作中，我们经常可以见到一些像机器一样，需要"按钮"的员工。他们只做上司明确要求他们做的事，像电脑键盘一样去执行，具有很强的"服从性"。何欢是一家公司的前台，负责接待来公司的客户与回答客户的来电咨询。工作很轻松，她只要给来电咨询的人们介绍一下公司的基本情况和主要产品就行了。何欢暗自庆幸，自己找到了一份稳定而又轻松的工作。

可是，令人意外的是，工作了一段时间后，公司决定开除她。何欢很不服气，觉得自己没有做错什么，于是找到部门经理质问。

部门经理说："客户们都反映，我们公司接电话的那个小姐态度冷淡，对业务知识不熟悉，工作态度不认真。你知道吗？因为你的原因，公司丢了多少客户？"

何欢觉得十分委屈，反驳道："我怎么态度不认真了？我是按照公司规定的去做的啊。"

部门经理回答说："没错，你背熟了产品介绍，可你并不理解它，遇到客户提问，你总是把他们推给销售部门。你与客户交谈时，确实使用了公司规定的礼貌用语，可你的口气中没有一点儿对客户的亲切和热心。"

像何欢这样的"按钮员工"往往看起来很勤奋、很辛苦，也很守纪律，但他们并不能给公司带来任何利益。不仅如此，他们还经常误事，因为面对"上级没有布置"的未知环节，他们总要等待上司发出新的指示。一旦出现问题，他们要么停步不前，要么绕开问题做无用功——总之，对问题视而不见。

所有的人都不能否认这一点，自觉承担责任的人更容易得到赏识，也更容易走向成功。卡洛·道尼斯先生最初为杜兰特工作，职务很低，而现在他已成为杜兰特先生的左膀右臂，是其下属一家公司的总裁。他能如此快速升迁，秘诀就在于他总是能够超越领导的期待。

"在为杜兰特先生工作之初，我就注意到，每天下班后，所有的人都回家了，而杜兰特先生仍然会留在办公室里继续工作。因此，我决定下班后也留在办公室里。没有人要求我这样做，但我认为自己应该留下来，在杜兰特先生需要时为他提供一些帮助。

"工作时杜兰特先生经常找文件、打印材料，最初这些工作都是他亲自做。很快，他就发现我随时在等待他的召唤……"道尼斯自觉地留在办公室，使杜兰特先生随时可以召唤到他，他这样做获得报酬了吗？没有。但是，他超越领导期待的做法给他带来了更大的回报——最终获得提升。

优秀员工与普通员工的区别就在于，当别人都在静待领导的指令和吩咐时，他们已经发挥自己的主观能动性，出色地完成了任务。任何时候，他们永远比别人更自觉。他们不仅能圆满地完成自己的任务，还会忠心耿耿地为领导考虑，提供尽可能多的建议和信息，他们也会因此得到提拔和赏识。他们比别人自觉一点，相应也就拥有更多的机会。

许多在职场中的人，只是被动地应付工作，为了工作而工作。他们在工作中没有投入自己全部的热情和智慧，只是机械地完成任务，而不是创造性地、自觉自愿地工作。这种被动工作的员工，很难在工作中获得成就，最终将一事无成。

当责任来临时，要主动去承担。每个员工都要真正对自己的工作负起责任，只有这样，才会有做事的动力，才会更接近成功。

一分责任一分成长，让梦想化为现实

"三星"人力资源经理刘航说："在一个家庭中，每个人都有一个角色，或者是丈夫、妻子，或者是儿女、父母，是什么支撑他们为自己的家庭操劳，无怨无悔地付出呢？是金钱吗？肯定不是，答案是爱与责任。"在央视"2005年度感动中国"的候选人中，最引人注目的是大学生洪战辉。洪战辉十年如一日地与逆境抗争，用责任和坚持感动了中国。

母亲离家出走，一个13岁的孩子既要上学，又要照料患精神病的父亲，还要抚养弟弟以及父亲捡来的妹妹，山一样的重担过早地压在了洪战辉的肩头。洪战

第 4 章
在责任中成长，
铺就不断进步的"金光大道"

辉曾跪在院子里问上苍："为什么要把这么多负担放到我的头上？"他真想放弃，但他又想，如果他死了，妹妹、爸爸、整个家怎么办？这样一想，心中那么多想法就全都没有了。他说那时候才真正明白了什么叫"责任"，就从那个时刻起，他觉得自己一下从精神上改变了。

洪战辉最初的行动也许主要是出于亲情和同情。而在漫长的岁月中，随着困难的接踵而来，更起作用的还是一种责任感。自强不息的洪战辉感动了中国，但他一直觉得自己只是在执着地做一件正确的事，是在认真地履行自己的一种责任。坚忍前行，而这需要一种巨大的责任感，责任感比感动更长久。在职场中同样需要责任感，一分责任一分成长，责任让梦想变为现实。

作为一名员工，即使从事最平凡的工作，如果你能对工作有一种强烈的责任感，那么你肯定是一个容易成功的人。由于你的责任感和你的不断努力，公司才得到了长足的发展。你为公司付出你的责任感，公司当然也会对你的发展负责，你将会得到领导的赏识，这样自然就能脱颖而出。

偏远山区的一个小姑娘到城市打工，由于没有什么特殊技能，于是选择了餐馆服务员这个职业。在常人看来，这是一个不需要什么技能的职业，只要招待好客人即可。许多人已经从事这个职业多年了，但很少有人会认真投入这份工作，因为这看起来实在没有什么需要投入的。

这个小姑娘恰恰相反，她一开始就表现出了极大的责任感，并且全身心地投入工作中。一段时间以后，她不但能熟悉常来的客人，而且掌握了他们的口味，只要客人光顾，她总是千方百计地使他们高兴而来，满意而去。她不但赢得顾客的交口称赞，也为饭店增加了收益——她总是能够使顾客多点一两道菜，并且在别的服务员只照顾一桌客人的时候，她却能够独自招待几桌的客人。

领导逐渐认识到其才能，要提拔她做店内主管，她却婉言谢绝了。原来，一位投资餐饮业的顾客看中了她的才干，准备投资与她合作，资金完全由对方投入，她负责管理和员工培训，并且投资者郑重承诺：她将获得新店25%的股份。

现在，她已经成为一家大型餐饮企业的负责人。一个普通的女孩之所以能够脱颖而出，关键在于她认真负责的工作态度。责任是一个人职业精神的体现，是一个人驱动自我的原动力，它可以让一个平凡的人在一个平凡的岗位上做出不平凡的事情。

"人最可怕的不是没钱，而是缺精神""别人真正欣赏的不是你的苦难，而是你的奋斗"。因此，千万不要因为自己是一名普通的员工就忽视自己的责任。当我们坚守责任时，我们也在伴随着责任迅速成长。苏永地是中国石油勘探专家，能在数万平方千米的非洲油藏区，准确定位油井位置，成功率达到80%，令人惊叹。事实上，在国际石油行业，一个石油勘探专家探井的成功率达到50%，就很不错了。

1996年11月，非洲石油项目进行国际招标，12家国际知名公司参加竞标。中国石油集团公司一举中标，这是中国石油工业步入国际石油市场的第一个大型勘探开发项目。

20世纪70年代，西方一些国际大公司曾在这里进行过勘探，投资巨大，但成效甚微，都撤走了。为了分散风险，中国石油集团选择3家国外石油公司，组建了联合公司。苏永地被派往非洲，任中国石油天然气勘探开发公司海外非洲项目副总地质师。

当时，西方一家石油公司总裁曾断言："把这个项目交给中国石油公司是个错误选择。"作为课题的主要技术负责人之一，苏永地深知自己是代表着中国石油在海外的形象。

在联合公司第一轮探井开钻中，一家合作方确定的预探井接连失利两口，另一合作方确定的两口预探井失利一口。而苏永地代表中方提出的9口预探井，口口出油，成功率100％！这使中国石油公司赢得了主动权，苏永地被点名调入联合公司勘探部，这就奠定了他的技术权威地位。"以后凡是苏永地制作的构造图一律免检。"这在严格按程序办事的联合公司至今也是唯一的。公司勘探部甚至规定：以后不管哪一方定的井位，都交苏永地审查。

苏永地勇于承当责任，而他自己也在承当责任的过程中不断成长。易卜生说："青年时种下什么，老年时就收获什么。"由此我们想到的是，只要付出一分责任，就能获得一分成长。

如果你愿意承担成长的责任，你就会获得成长的机会；如果你把公司的成长当成自己的责任，公司自然会为你创造成长的机会；如果你以自己取得的优秀成绩去回报公司，那么你的事业、你的精神就会在公司中得到飞跃式的进步。

对工作负责,由平凡跨入卓越的"金钥匙"

著名戏剧表演艺术家常香玉说:"戏比天大。"简单的四个字蕴涵了她对戏剧表演的无限热爱,更透视了她对戏剧工作的责任感。可以说,责任是推动个人发展的强大动力。工作中的每一件事都值得我们去做,而且还应充满热情、认真负责地去做。

卢浮宫藏有一幅莫奈的油画,画的是女修道院的厨房里的场面。画面上正在劳动的不是普通的人,而是一群天使,一个正在炉上烧水;一个正优雅地提起水壶;另外一个穿着厨娘的服饰,一只手去拿餐具——这是日常生活中最平常的劳作,天使们却做得全神贯注、一丝不苟。可见,天使和普通人的一个重要不同之处就在于对待自己所从事工作的负责。认真做好每一份工作,即使是最平凡的工作,也能够为你带来成就感。

詹妮刚开始做新闻主播时,被委任的工作是报时和节目介绍,不仅每天的工作内容一成不变,就是一天之中相同的事情也要重复好几遍。然而,她最初应征的却是记者,因此,那个时候她的心情简直是糟透了,每天都过得相当郁闷,心情灰暗。这样,她的同事、朋友也慢慢地开始疏远她了,这使她的心情更加沉重,形成了一种恶性循环。

有一天,詹妮忽然意识到自己这样是在浪费青春,虚度光阴。如果自己实在是讨厌这份工作,那就立即辞职,否则以目前这种状态,一年中的大部分时间就会这样虚度过去，以这种颓废的心态来工作，简直就是在践踏自己的青春。既然不得不干下去，倒不如把自己融入工作中，使自己乐在其中。经过这样一番思想转变，她开始思考，怎样才可以在呆板的台词中加入自己真正的心里话，使别人的台词成为自己的台词。

后来，詹妮找到了改善自己工作态度的办法。她发现，每周两次的晚间节目介绍的前10秒钟是她的自由空间，在那之后的台词她无权更改，而此前的10秒钟则说什么都行。

"今天的天气真不错""昨天的棒球比赛很精彩"，她开始在这10秒内加上她亲眼所见、亲耳所闻、真心所感的一些小事情。从时间上讲，不过短短的10秒钟，但是，从这以后她的心情彻底改变了，每日一句成了她一天中最大的乐趣。不论是走路还是坐公交车，只要一有空闲，她就思考着今天的10秒说什么好，怎样表达才好些。这样，她又重新变得开朗起来，由此又赢得周围人的友谊。而她那颇具创意的每日一句也在听众中赢得广泛好评，原本僵硬死板的节目介绍，因为她的一句妙语而变得温馨无限，使人闻之如饮甘泉。同时，周围的朋友对她也大加赞赏："干得不错嘛！看你，真是神采飞扬！"周围人的赞美令她激情无限，工作越做越好。不久，她就被提拔到了更重要的岗位上。

工作本身没有贵贱之分，但对待工作的态度却有好坏之别。无论从事什么样的工作，只要你能对工作负责，你也能像詹妮那样，主动在工作中加入自己的创意，那么即使平凡单调的工作也能变成一件充满意义和乐趣的事情。

杜尼是一家连锁超市的打包员，日复一日地重复着几乎不用动脑甚至技巧也不复杂的简单工作。突然有一天,他想通过自己的努力使单调的工作变得丰富起来。

于是,他让父亲教他如何使用计算机,并设计了一个程序,每天晚上回家后,他就开始寻找"每日一得",输入计算机,再打印出若干份,在每一份的背面都签上自己的名字。第二天,他给顾客打包时,就把这些写着温馨有趣或发人深省的"每日一得"纸条放入买主的购物袋中。

结果,奇迹发生了。一天,连锁店经理到店里去,发现杜尼的结账台前排队的人比其他结账台多出3倍!经理大声嚷道:"多排几队!不要都挤在一个地方!"可是没有人听他的。顾客们说:"我们都排杜尼的队——我们想要他的'每日一得'。"一个妇女走到经理面前说:"我过去一个星期来一次商店,可现在我路过就会进来,因为我想要那个'每日一得'。"工作是成就事业的唯一途径,如果把工作看成是生活的代价,是一种无可奈何、无法避免的劳碌,那将是十分错误的!

如果轻视自己的工作,就不可能尽职尽责地对待。一个人若看不起自己的工作,因此倍感工作艰辛、烦闷,自然他的工作也不会出色。飞雯是一家公司的秘书,她的工作就是整理、撰写、打印一些材料。她的工作单调而乏味,很多人都这么认为。但飞雯不觉得,她觉得自己的工作很好,她说:"检验工作的唯一标准就是你做得好不好,不是别的。"

飞雯整天做着这些工作,做久了,飞雯发现公司的文件中存在很多问题,甚至公司在经营运作方面也存在问题。

第 4 章
在责任中成长，铺就不断进步的"金光大道"

于是，飞雯除了每天必做的工作，她还细心地收集一些资料，甚至是过期的资料，她把这些资料整理分类，然后进行分析，写出建议。为此，她还查阅了很多有关经营方面的书籍。最后，她把打印好的分析结果和有关证明资料一并交给了领导。领导起初并没有在意，一次偶然的机会，领导读到了飞雯的这份建议，这让领导非常吃惊：这个年轻的秘书，居然有这样缜密的心思，而且她的分析井井有条、细致入微。后来，飞雯的建议中很多条都被采纳了。

领导很欣慰，他觉得有这样的员工是他的骄傲。当然，飞雯也被领导委以重任。对工作负责，"每天多一些努力"，不是语言上的自我表白，而是行动上的真正体现。如果你能够真正做到这些，你就会在工作中脱颖而出。

其实做到这些可能并不难，你可以比领导要求的上班时间早一些到，利用这点儿时间把一天的工作整理清楚，这样不至于让一天过得混乱；主动地对待工作，不要等着领导追问时才想到工作还没有做完；如果能迟一点儿回家，那么就利用下班的时间把一天的工作整理一下，看看哪些还没完成，需不需要加班，今天哪些工作完成得比较漂亮，哪些做得不够好，哪些需要改进。

无数成功人士的事例表明：对工作负责，这是由平凡跨入卓越的"金钥匙"。

第 5 章

责任创造价值:

播撒责任的种子,收获金灿灿的果实

责任创造价值，责任就是生产力

　　作为一名员工，在从普通走向卓越的成长过程中，要学习的东西很多，其中，学会承担责任，是整个成长过程中的重要一步。因为只有承担责任，才有可能创造价值。有一位青年在美国某石油公司工作，他的工作任务就是巡视并确认石油罐盖有没有自动焊接好。石油罐在输送带上移动至旋转台上，焊接剂便自动滴下，沿着盖子回转一周，这样的焊接技术耗费的焊接剂很多，公司一直想改造，但又觉得太困难，试过几次也就算了。而这位青年并不认为真的找不到改进的办法，他每天观察罐子的旋转，并思考改进的办法。

　　经过他的观察，他发现每次焊接剂滴落39滴，焊接工作便结束了。他突然想到：如果能将焊接剂减少一两滴，是不是能节省点成本？于是，他经过一番研究，终于研制出37滴型焊接机。但是，利用这种机器焊接出来的石油罐偶尔会漏油，并不理想。但他没有灰心，又寻找新的办法，后来研制出38滴型焊接机。这次改造非常完美，公司对他的评价很高，不久便生产出这种机器，改用新的焊接方式。也许，你会说：节省一滴焊接剂有什么了不起？但就是这"一滴"，却给公司带来了每年5亿美元的新利润。

这位青年，就是后来掌握全美石油业95％实权的石油大王——约翰·戴维森·洛克菲勒。责任就是生产力，这是我们从这个例子中得到的启示。如果洛克菲勒没有将为公司节省成本当成自己的责任，只是像其他普通员工一样每天重复自己的工作，最后的结果可想而知，他不可能拥有创造价值的机会。

英国著名作家萨克雷曾经说过："生活是一面镜子，你对它笑，它就对你笑；你对它哭，它也就对你哭。"这句话蕴涵了丰富的人生哲理，如果将其中的意义推广到责任与价值上，我们可以这样理解：如果你能够承担起责任，一步一个脚印且认真地对待自己的工作，那么公司必将给予你实实在在的回报；如果你敷衍工作、消极怠工、试图逃避责任，那么你永远都不会拥有令你骄傲的事业，永远也无法创造令他人羡慕的价值。

要想在自己的工作岗位上创造价值，要想在自己的人生中创造价值，就必须承担责任！只要员工拥有了责任感，就会给企业带来巨大的生产力。而忽视自己的责任，必会对企业生产造成负面影响。某家电制造有限责任公司发生了一起管理"事故"：5号车间有一台机器出了故障，经过技术科的工作人员检查，发现原来是一个配套的螺丝钉掉了，怎么找也找不到，于是，只好重新去买。可是根据公司内部规定，必须先由技术工作人员填写采购申请，然后由上级审批，之后再经过采购部部长审批,才能由采购员去采购。

可是,问题又出现了。市内好几家五金商店都没有那种螺丝钉,采购员又跑了几家著名的商场,也没有买到。

几天很快就过去了,采购员还在寻找那种螺丝钉,可是工厂却因为机器不能运转而停产。于是,公司的其他管理者不得不介入此事,认真打听事故的前因后果,并且想方设法地寻找解决的方法。

在这种"全民总动员"的情况下,技术科才拿出机器生产商的电话号码。于是,采购员打电话问哪里有卖那种螺丝钉的。对方告诉他:"你们那个城市就有我们的分公司。你去那里看看,肯定有。"

半个小时后,那家分公司就派人送货上门了,问题就此解决。可是之前寻找哪里有那种螺丝钉就用了一个星期,而这一个星期公司已经损失了数十万元。

采购部部长后来总结说:"从这次事故中,我们很容易就能看出,公司某些工作人员的责任心不强。从技术科提交采购申请,再经过各级审批,到最后采购员采购,这一切都没有错误,都符合公司要求,可是结果却造成这么大的损失,问题在哪里?只是因为技术科的工作人员没有写上机器生产商的联系方式,而其他各部门竟然也没有人问。"这是一个因员工责任心缺失而给企业造成巨大损失的典型案例。

如果这个工厂的员工都多一点责任心,相信这个问题在很短的时间内就能得到解决,也绝不会对企业的生产造成很大的影响。员工责任心强,企业必会取得更大的经济效益,取得更长远的发展;员工责任心弱,企业必定会遭受严重的经济损失,在发展过程中必定会受挫。由此可见,员工的责任心就是企业的生产力。

责任就是生产力,负责是一个人实现自我价值的必由之路。一个员工能肩负起他特定职位上的重任,在工作中发挥出他最大的才能,展现出他所拥有的潜在素质,出色地完成工作任务,并使自己从中得到快乐和满足,他的人生价值自然就能得到体现。

投资责任,不仅是改变现在,还是改变未来

在这个商业化的社会里,人们越来越欣赏那些敢于承担责任的人。大家认为,只有这样的人才能给人信赖感,值得与之交往。也只有这样的人,才具备开拓精神,才能为企业带来效益。对于个人而言,投资责任,不仅能改变现在的境遇,更能开创将来的发展前景。

古往今来,人们都喜欢勇于负责的人。一个普通的员工,一旦具备了勇于负责的精神,他的能力就能够得到充分的发挥,他的潜力就能够不断地得到挖掘,从而为企业创造出巨大的效益。同时,他本人的事业也能不断向前发展。所以,在做事的过程中,我们应该要求自己具备一种责任意识。安妮是一家跨国公司办公室的打字员。有一天中午,同事们都去吃饭了,只有她一个人还留在办公室里收拾东西。这时,一个董事经过她所在的部门时,停了下来,想找一些信件。

这并不是安妮分内的工作。但是，她依然回答："尽管这些信件我一无所知，但是，我会尽快帮您找到它们，并将它们放在您的办公室里。"当她将董事所需要的东西放在他的办公桌上时，这位董事显得格外高兴。

四个星期后，在一次公司的管理会议上，有一个更高职位的空缺。总裁征求这位董事的意见，此时，他想起了那位勇于负责的打字员——安妮。于是，他推荐了她，安妮的职位一下子升了两级。勇于负责是一种积极进取的精神。

当一个人想要实现自己内心的梦想，下定决心改变自己的生活境况和人生境遇时，首先要改变的是自己的思想和认识。要学会从责任的角度入手，对自己所从事的事业保持一个清醒的认识，努力培养自己勇于负责的精神，这才是成功的最佳方法。

因为受到金融危机的影响，一家大型公司要裁员了，王芙和陈子虹都不幸上了被解雇名单，被通知一个月之后离职。两个人都已经在公司工作了近10年。

王芙回家后，一整夜没有睡着，第二天更是十分气愤，逢人就大吐冤情："我在公司待了这么多年，平时兢兢业业，没有功劳也有苦劳，凭什么解雇我呢？"刚开始的时候，其他同事出于同情，还会安慰她几句，可王芙老是唠唠叨叨，就让人烦了。尤其是她竟然含沙射影，仿佛自己被人陷害了似的，看谁都不顺眼，对谁都没有好脸色，闹得大家都怕碰到她，见她来了就远远躲开或绕道而行。

王芙还把气发泄在工作上："反正我在这儿只有一个月，干好干坏一个样，不如干坏一点，让陷害我的人遭受损失，让公司遭受损失。"结果，她把工作做

第 5 章
责任创造价值：
播撒责任的种子，收获金灿灿的果实

得相当糟糕。

陈子虹在看到自己的名字上了被解雇名单后，当然也难过了一晚上。但她的态度和王芙截然不同："既然只有一个月时间了，不如给大家留下个好印象。"

她从不说自己被解雇的事，别人偶尔提起时，她便说自己能力不足，应该淘汰。她还逢人就道别："再过些日子，我就要走了，不能再与你们共事了，请多保重。"大家见她这么重感情，反而更亲近她了，这让她的心情好多了。在工作上，陈子虹的想法是：在岗一天就应该负责任一天，给公司、领导和同事留下一些美好的回忆，这样即使我走了，也会有人夸我、想念我。

一个月很快到了，王芙如期离职，陈子虹却被领导留了下来。领导说："像陈子虹这样对工作认真负责的员工，正是我们需要的，我们怎么舍得让她离开呢？"生活总是会给每个人回报的，一个人只有具备了勇于负责的精神，才会产生改变一切的力量。

年轻的卡尔森出身贫寒，接受教育和获取知识的机会都很有限。然而，他却是一个勤奋努力，对自己的工作极为负责的人。开始，他在费城找了一份书店售货员的工作，每天徒步8英里上下班。虽然每周的报酬仅20美元，但他始终毫不懈怠地对待工作，每天把柜台擦拭得干干净净，把书籍摆放得整整齐齐，并时刻笑对每位顾客。同时，他利用业余时间不断地充实自己。这种勤奋刻苦、尽职尽责的工作精神被传为佳话，感动了许多人。

后来，他进入了一家制衣店，周薪变成了40美元。他更加努力地工作，到了不惑之年，他终于成为一个颇有成就的商人。卡尔森的成功告诉我们，一个人要

想取得事业和人生的成功，就要培养自己的责任感，尽职尽责地对待自己的工作。

投资责任，并不是要做一个投机者，而是要将责任贯穿工作的始终。只有持之以恒地坚持责任，最终才能发现责任将给你丰厚的回报，不仅可以改变你的现在，还能改变你的未来。

如果你想拥有自己的事业并获得成功，那么请记住：只有责任才能使你实现这些愿望，只有投资责任才能保证你成为一个优秀的员工。

企业兴衰看责任，责任打造核心竞争力

有责任心的员工是公司的栋梁，由这样的员工组成的企业是最具竞争力的企业。"责任保证一切"，责任保证了服务，保证了敬业，保证了创造……正是这一切，保证了企业的竞争力。

责任保证了一个企业的竞争力。在激烈的市场竞争中，任何一家想在竞争中取胜的公司都必须设法使每个员工都富有责任感。没有富有责任感的员工，企业就无法为客户提供高质量的服务，就难以生产出高质量的产品，公司就无法在这个竞争激烈的社会上立足。

员工的责任心就是企业的竞争力。决定一个企业成败很关键的一点，就是所有的成员有没有责任意识，能否负起自己应负的责任。

第 5 章
责任创造价值：
播撒责任的种子，收获金灿灿的果实

20世纪90年代，我国有一个代表团到韩国洽谈商务。代表团车队的先导车由于开得较快，为了等后边的车辆，暂停在高速公路的临时停车带。不一会儿，一辆跑车靠了过来。驾车的是一对年轻的韩国夫妇，他们问代表团的同志车辆出了什么问题，是否需要他们帮忙。原来，这对夫妇是现代汽车集团的职员，而代表团的先导车恰好是现代汽车集团生产的。

读完这个故事，你有什么感想？这对韩国夫妇开着跑车，也许是去度假，也许是去参加朋友的派对，显然是在非工作时间，而且上司并不在现场，仅仅因为停靠的车辆是他们公司生产的，就对一个与他们的工作职责并没有直接联系的问题给予关注，这表现出来的是一种怎样的责任感！显然，他们已经把与公司有关的任何问题都当成了自己的问题。正是这种责任感保证了现代汽车集团在日益严峻的行业形势下依然保持着良好的竞争优势。

海尔之所以能成为民族企业中的佼佼者，员工的责任心是成就海尔辉煌的重要原因。工业生产中，海尔每天都有数万件产品从流水线上下来，数百万个零件按程序生产和组装，其中大量的工作是简单的重复性工作。任何一个环节的缺陷，都会造成产品的缺陷。要杜绝缺陷，就必须把每一件简单的事情成千上万遍地重复做好。但怎样才能每天规规矩矩地做好每一项简单的事情呢？

借鉴国外先进企业的管理方法，海尔提出了OEC（Overall Every Control and Clear）管理模式。这种模式由目标系统、日清系统和激励机制所组成。在车间，产品的目标层层分解，量化到人，对每人、每天做的每件事进行清理控制，做到人人都管事，事事有人管。从岗位环节到车间的每一块玻璃、每一个地段，都标

有责任者的名字。当日的工作必须当日完成，同时要找出差距、问题，提出改进措施。每一个班组都有一块"日清日结"栏，每天每人的工作数量、问题、表现情况等一目了然，保证各级责任的落实到位。

这一切又与个人的工资收入直接挂钩，每个人的收入每天也写进"日清日结"栏。海尔的每个车间都有一块印有两只脚印的地板，叫"6S"大脚印，其内容是：整理、整顿、清扫、清洁、素养、安全。每天班前班后，班长站在"6S"大脚印上，领着大家进行讲评。以前是工作差的员工站在"6S"大脚印上反思工作，员工责任心普遍提高以后，从1998年开始，改为每天由当日优秀员工站在"6S"大脚印上介绍经验。进入企业的新员工，要接受全面培训，只有符合海尔新规定的才能上岗。

一次，洗衣机车间的员工在进行"日清"时，发现多了一枚螺丝钉。员工们意识到，这里多了一枚螺丝钉，就有可能是哪一台洗衣机少了一枚螺丝钉，这关系到产品质量和企业信誉。为此，车间的员工下班后谁也没走，主动将当天生产的1000多台洗衣机全部逐台复检，用了两个多小时，终于查出是发货时多放了一枚。

海尔的员工在重复"简单"的磨炼中获得了责任的真谛，印证了他们熟知的一句话："什么是'不简单'？把一件简单的事情成千上万遍地做好，就叫不简单。"

员工以强烈的责任心做好每一件简单的事情，造就了海尔非凡的成绩：

海尔冰箱获得了"国家优质金奖"。

通过ISO9001国际质量体系认证。

取得了美国的UL、德国的GS、日本的S-MARK等19种国际认证……

海尔成功的经验带给我们这样一个启示：员工的责任心，就是企业的竞争力。有责任心的员工是企业的栋梁，是推动企业发展的关键力量。每一名员工都应当意识到自己对公司的责任，为公司的发展积极贡献自己的力量。

企业赋予员工不同的工作职责，向员工提出各种工作要求；员工在接受了企业的责任要求后，在责任心的驱动下，履行企业赋予自己的职责。当企业的每一位员工对工作都勇于承担责任时，就会让企业的损耗降到最低，企业的效益也就越高；反之，如果企业员工的责任心普遍缺失，再强大的企业也终会倒闭。

因此，员工的责任心决定着企业竞争力的强弱，每个员工都应担负起自身的责任！

用高度责任心和高标准对待工作

人生的意义就在于追求一个个的目标，就是要不断打破现状，追求超越。一个人的职业生涯尤其如此，必须瞄准目标，高标准、严要求地对待自己的工作，只有这样才能在事业上取得成功。

永远不要退而求其次。只有拥有高度责任心，用高标准严格要求自己，才能在任何情况下都能过关。作为一个企业领导，要在管理中抓细节管理；作为普通员工，要以高度的责任心和高标准要求自己，一丝一毫不放松。只有这样，企业才有希望，员工的利益才有保障。

在激烈的竞争中，万事皆需要高度的责任心和严格的高标准。土豆条炸煳了，牛肉饼变质或分量不足，店堂不够清洁，音乐不够优美，桌椅板凳不够舒适等，这些都是麦当劳公司绝对不能容忍的。它有一个"QSCV战略"，即讲究营养、味美的质量（Quality）、令人满意的服务（Service）、清洁卫生的环境（Cleanness）、合理的价格（Value）。凡不符合这四项要求的，经理要被开除，分店要被取消经营权。

这就是高标准、严要求的结果，它让人在不知不觉中超越自我，不断地取得进步。瞄着高标准，选择较高起点，采取科学的工作方法，提高工作效率，达到事半功倍的效果。只有不断进取，自我加压，不言满足，才会进步。只有不断地严格要求自己，才能取得更大的成功。

杨佳是湖南省长沙市家润多超市朝阳店的一名普通收银员。"看她收银，简直就是观赏一次高水平的表演！"顾客们都这么夸赞杨佳。她录入条码的速度之快，令人眼花缭乱；操作键盘时，只见手影不见手指；点钞的快速与准确更是让人惊叹。家润多超市专门为她开设了冠军通道——杨佳快速收银通道。

行行出状元！然而，状元也是努力练出来的，在超市和家中处处留下了杨佳勤学苦练的身影。在超市，她每天都在"转悠"，熟悉每件商品的条形码的位置，以便一接到商品就能迅速找到条码；为准确、快速收银，她常常利用休息时间苦练点钞技术。

功夫不负有心人，她掌握了单指单张、一指多张、五指连张等各种花样点钞法；条码录入，她从两指录入到五指并用，从1分59秒提高到了现在1分50秒能准确录入50个13位数的编码，刷新了这一行业的纪录。俗话说："台上一分钟，台下十年功。"杨佳以高度责任心和高标准对待工作，在工作上所取得的成绩令人惊叹，而背后凝结的是她的勤奋与努力，以及对自己所从事职业的热爱。

英国著名艺术评论家罗斯金说过："来到这个世界上，做任何事都要全力以赴。"只要有一颗高度责任心，就能做到尽善尽美的程度，从而体验到成就感和满足感。

不论你的报酬是高还是低，不论你的成就是大还是小，都应该建立并保持这种良好的工作作风，带着热情去工作，在工作中享受尽职尽责、精益求精所带来的深深喜悦。苏贵聪是广东海事局汕头航标灯塔的一名养护工。他从18岁开始当灯塔养护工，一干就是30年。在这30年里，不论是刮风还是下雨，他都雷打不动地每天渡船到孤岛上工作，每天他都要看灯塔三次，看不到灯塔，他就睡不着觉。在这30年里，灯塔可说是他的唯一牵挂。

在这30年里，他有过3次生死经历。其中一次是在12级台风即将来临之时，为了把小木船拉上岸，他被台风卷到空中，重重地摔下来，头撞到礁石上，当时就昏了过去。当做完开颅手术，昏迷了21天醒来后，他问的第一句话就是："我的灯塔还亮吗？"母亲问他："台风那么大，你去干什么？"他说："小船是国家财产，国家财产怎么能丢掉？"

他从18岁扎根灯塔，默默坚守着自己的岗位，创造了灯塔发光正常率连续30

年百分之百的全国纪录，被誉为"红海湾上不落的星斗"。30年来，他摇船经过的路程超过了绕地球两周的距离……

"做人要诚实勤劳，不能半途而废，我不能让别人觉得我没有信誉。"

"只要自己努力，面包会有的，美好的生活也会有的。"

"不管干什么，干就要干到最好。"……

这就是一个具有高度责任心的员工，这就是一个以高标准严格要求自己的员工，这就是值得我们所有人学习的员工。

一个人是否能够让自己在企业中不断得到成长，完全取决于自己。如果你仅仅满足于现在的表现，凡事都只做到"差不多"或者"将就"的程度，那么你在企业的地位将永远都不能变得更加重要，因为你根本就拿不出优异的成绩。当公司对你委以重任时，一定要做到超越公司的期待，千万不要满足于得过且过的表现，一定要以高标准来要求自己。

当每个员工怀有高度责任心，将高标准当成自己的原则时，就能从中学到更多的知识，积累更多的经验，一旦有晋升或加薪的机会，领导就会想到他们。

负责收获卓越，令自己远离平庸

很多人认为自己的工作比上不足，比下有余。他们虽然心里也有过冲动，但雄心壮志在不断的犹疑中渐渐消失了。对于一个员工来说，甘于平庸是一件很可怕的事情。中国国家足球队前教练米卢有一句"态度决定一切"的口号至今仍广为流传，深得人心。卓越就是不放松对自己的要求，就是在别人苟且随便时，自己仍然一如既往地坚持操守，这是一种高度的责任感和敬业精神。无论对人才需求如何变化，是否具有追求卓越的精神始终是领导用人的一个重要标准。

对于一个运动员的职业生涯而言，在其成长过程中，会经历很多阶段，在任何一个阶段安于现状，都可能导致运动生涯的终止。比如，一个运动员如果取得地区冠军就满足了，他绝对不可能取得全国冠军；当他取得全国冠军就满足了，他绝对不可能取得世界冠军；当他取得一项世界冠军就满足了，他绝对不可能取得下一项世界冠军。

生活中我们经常会发现，那些功成名就的人，在成功之前，早已默默无闻地努力工作过很长一段时间。在实际工作中，不论你是老总还是普通员工，唯有把"每一件寻常的事做得不寻常的好"，时刻坚守自己的责任，才能最终走向成功。

有一个叫李洋的人，他曾经在一家合资企业任首席财务官。在成为首席财务官之前，他工作非常卖命，并做出了突出的成绩。领导非常赏识他，第一年就把他提拔为财务部经理，第二年又提拔他为首席财务官。

当上首席财务官后，拿着丰厚的薪水，驾着公司配备的专车，住着公司购买的豪宅，李洋的生活品质得到了很大的提升。然而，他的工作热情却一落千丈，他把更多的精力放在了享乐上。

当朋友问他还有什么追求时，他说："我应该满足了，在这家公司里，我已经到达自己能够到达的顶点了。"李洋认为公司的CEO是董事长的侄子，自己做CEO是不可能的，能够做到首席财务官就算是到达顶点了。

他在首席财务官的位置上坐了差不多一年的时间，却没有干出一点值得一提的业绩。朋友善意地提醒他："应该上进一点了，没有业绩是危险的。"

没想到，李洋竟然说："我是公司的功臣，而且这家公司离不了我李洋，领导不会把我怎么样的！"

他甚至在心里对自己说："丰厚的薪水永远属于我，车子永远属于我，房子永远属于我，没有人可以夺去，因为没有人可以替代我。"

的确，公司很多工作都离不开李洋。然而，他的糟糕表现，还是让领导动了换人的念头。终于，在一个清晨，李洋驾着车，和往日一样来到公司，优越感十足地迈着方步踱进办公室，第一眼看到的却是一份辞退通知书。从李洋的例子中可以看出，价值是一个变数。今天，你可能是一个价值很高的人，但如果你故步自封、满足现状，明天，你就会贬值，被一个又一个的智者和勇者超越。

今天，你也可能做着看似卑微的工作，人们对你不屑一顾，而明天，你可能通过知识的不断丰富和能力的提高以及修养的升华，让世人对你刮目相看。在时代发展一日千里的今天，只有对自己的工作时刻抱以负责的态度，才能不断提升自己，成为职场中的常胜者。

对于尽职尽责的人来说，卓越是唯一的工作标准。他们不会对自己说"我已经做得够好了"，而是要求自己在每一份工作中都做到尽善尽美。在工作中习惯于说自己"做得够好了"的人是对工作的不负责任，也是对自己的不负责任。有一个刚进入公司的年轻人，自认为水平很高，对待工作漫不经心。有一天，他的上司交给他一项任务——为公司的一个项目做一个企划方案。

这个年轻人只花了一天时间就把这个方案做完了，交给上司。他的上司一看就给否定了，让他重新起草一份。结果，他又用了两天时间，重新起草了一份交给上司。上司过目之后，觉得虽然不是特别理想，但还能用，就把它呈送给了总经理。

第二天，总经理把那个年轻人叫进了自己的办公室，问他："这是你能做出的最好方案吗？"年轻人一愣，没敢回答。总经理把方案推到他面前，年轻人一句话也没说，拿起方案，返回自己的办公室，稍微调整了一下情绪，重新把方案修改了一遍，又呈送给了总经理。总经理依旧还是那句话："这是你能做出的最好方案吗？"年轻人心里还是没底，没敢做出明确的答复。于是，总经理让他再仔细斟酌、认真修改方案。

这一次，他回到办公室里，绞尽脑汁，苦思冥想了一周，把方案从头到尾又修改了一遍后交了上去。总经理看着他红肿的眼睛，仍旧是那句话："这是你能做出的最好方案吗？"年轻人信心十足地答道："是的，这是我认为最满意的方案。"总经理说："好！这个方案批准通过。"

经历了这件事情之后，这个年轻人工作得越来越出色，受到了上司和总经理的器重。他明白了一个道理：在工作中只有尽职尽责，才能够尽善尽美。一个人永远都不要对自己说"我做得已经够好了"，对工作负责，你将最终收获优秀的业绩。

当每位员工时刻坚守工作的责任时，就能从中收获更多的知识和经验，就能从全身心投入工作的过程中找到快乐。

或许负责任不会有立竿见影的效果，但可以肯定的是，当不负责任成为一种习惯时，其后果将可想而知——你将远离卓越，永远平庸下去。将卓越当成唯一的工作标准，是值得每个人铭记一生的格言。有无数人因为养成了轻视工作、马马虎虎的习惯，以及敷衍了事、糊弄工作的态度，终致一生都处于社会底层。细想一下，你的内心也应该有所触动吧！

甘于平庸的人并不能称得上对自己负责。只有把卓越当成自己的工作标准，不断告诉自己"我能够做得更好"，这样才能鞭策自己不断进步，充分施展出自己的才能，将工作做得更好。

# 第 6 章

烈火见真金，
勇于负责，助人成就

激发个人责任心,责任催生顽强战斗力

只有激发个人责任心,才能催生顽强战斗力,才能在艰难险阻面前无往不胜。综观现代职场,卓越的战斗力十分重要,具有非凡战斗力的企业才能成功,具有非凡战斗力的员工才能拿到高薪。商场如战场,在竞争日趋激烈的市场环境中,企业员工要激发个人的责任心,培养一种敢打硬仗、善于打硬仗的作风,始终保持让对手望而生畏的战斗力。只有每一个员工都具备这种战斗力,整个团队和企业才能真正保持业界第一,成为本领域的龙头。

一个员工之所以没有战斗力,归根结底还是对工作缺乏责任感。这样的员工责任意识淡薄,甚至缺失,认为工作结果的好坏与自己的关系不大,所以也就不会全身心地投入工作中,也就更谈不上激情了。而当一个人具有强烈的责任感时,他就会自觉地点燃激情,全力以赴地去工作。许多年前,在日本,一个年轻

第 6 章
烈火见真金，勇于负责，助人成就

女孩来到一家著名的酒店应聘服务员。这是她走出校门的第一份工作，她将在这里正式步入社会，迈出她人生关键的第一步。

没想到在新员工受训期间，主管竟然安排她洗马桶，而且对工作质量的要求高得吓人，要求她必须把马桶擦洗得光洁如新！

说实话，洗马桶的工作使她难以承受。当她拿着抹布伸向马桶时，胃里立刻一阵翻腾，恶心得想吐。

为此，她心灰意冷，面临着自己人生第一步应该怎样走下去的选择：是继续干下去，还是另谋职业？

就在此时，一位同酒店的前辈及时地出现在她的面前。

这位前辈并没有用空洞的理论去说教，而是亲自为她演示了一遍洗马桶的过程。前辈一遍遍地洗着马桶，直到洗得光洁如新。最后，前辈竟从马桶里盛了一杯水，一饮而尽！

她看得目瞪口呆，在前辈鼓励的目光下，如梦初醒！她意识到是自己的工作态度出了问题，于是痛下决心："就算一辈子洗马桶，也要做一名洗马桶最出色的人！"

从那以后，她仿佛脱胎换骨，成为一个全新的人，全身心地投入工作中，她的工作质量也达到了无可挑剔的高水准。为了检验自己的信心，为了证实自己的工作质量，也为了强化自己的责任心，她也多次喝过马桶里的水。正因为如此，她很成功地迈好了人生的第一步，从此，她踏上了成功之旅。

多年以后，这个当年洗马桶的日本女孩，成了日本政府的邮政大臣，她的名字叫野田圣子。"就算一辈子洗马桶，也要做一名洗马桶最出色的人"，正是责任激起了她工作的热情，正是责任激励着她将工作做到最好，正是责任激发了她卓越的战斗力。可见，责任的力量是巨大的。

面对责任，我们无处逃避，只能勇敢地迎上前去。能够用一颗责任心挑战困难的人，当之无愧是一个坚强的人，也将会是一个成功者。任何员工只要怀有责任心，就会发现责任可以激发自己未曾发现的惊人战斗力。卡尔先生是美国一家航运公司的总裁，他提拔了一位非常有潜质的人到一个生产落后的船厂担任厂长。可是半年过后，这个船厂的生产状况依然不能够达到生产指标。

"怎么回事？"卡尔先生在听了厂长的汇报之后问道，"像你这样能干的人才，为什么不能够拿出一个可行的办法，激励他们完成规定的生产指标呢？"

"我也不知道。"厂长回答说，"我也曾用加大奖赏力度的方法引诱，也曾经用强迫压制的手段威逼，甚至以开除或责骂的方式来恐吓他们，无论我采取什么方式，都改变不了工人们懒惰的现状。他们就是不愿意干活，实在不行就招聘新人吧，让他们走人！"

这时恰逢太阳西沉，夜班工人已经陆陆续续向厂里走来。"给我一支粉笔，"卡尔先生说，然后他转向离自己最近的一个白班工人，"你们今天完成了几个生产单位？"

"6个。"

卡尔先生在地板上写了一个大大的、醒目的"6"字，然后一言未发就走开了。当夜班工人进入车间时，他们一看到这个"6"字，就问是什么意思。

"卡尔先生今天来这里视察。"白班工人说，"他问我们完成了几个单位的工作量，我们告诉他6个，他就在地板上写了这个'6'字。"

次日早晨，卡尔先生又走进了这个车间，夜班工人已经将"6"字擦掉，换上了一个大大的"7"字。下一个早晨白班工人来上班的时候，他们看到一个大大的"7"字写在地板上。

夜班工人以为他们比白班工人干得好，是不是？好，白班工人要给夜班工人点颜色瞧瞧！他们全力以赴地加紧工作，下班前，留下了一个神气活现的"10"字。就这样，生产状况逐渐好起来了。不久，这个一度是生产落后的厂子比公司别的工厂产出的都要多。卡尔先生就这样巧妙地达到了提升生产效率的目的，他用一个数字激起了员工对企业的责任意识。而这种责任感使得员工充分发挥出他们的能力，从而创造出了骄人的业绩。

要形成卓越的战斗力，必须比旁人付出更多的艰辛与努力。身为职场中的员工，希望自己做到更好，同样需要付出，有付出才有回报。

职场中的所有员工都应该增强个人的责任心，做一名刻苦勤奋、执行有力、忠诚尽职的职场好战士。只有个人战斗力强了，企业的战斗力和竞争力才能够得到有效提升。要成功、要做出骄人的成绩、要成就事业、创造财富，就必须用责任心催生顽强战斗力。

责任驱动高效,做一个玩转职场的高效能员工

"新经济时代,不是大鱼吃小鱼,而是快鱼吃慢鱼。"这是美国思科公司董事长兼CEO约翰·钱伯斯说的话。在信息瞬息万变的现代社会中,效率是任何一个人竞争力不可或缺的部分,很难想象一个效率低下的员工能成为一个优秀的员工。

职场中,"最近比较忙"是很多人的口头禅,在讲究效率的当今社会更是如此。忙着工作,忙着赚钱,忙着学习,忙着消费……"忙"是无数人工作和生活的写照。虽然"忙"字代表了人们的生活状态,但是又有多少人是在忙自己职责之内的事情呢?

一个负责的员工绝不会是将时间和精力都浪费在无谓的事情上,他们的工作效率总是令人惊叹。事实上,责任驱动高效,一个勇于负责的员工必定是一个玩转职场的高效能员工。向琨是一家公司的员工。一天,领导让向琨准备好第二天与某公司董事长会谈的资料,并拟写一份会谈提纲。

然而接下来的时间里,向琨却忙于完成另外的几件事:寄出几封信,发出几份传真,接待一个没有预约的客户,打几个无关紧要的电话,给领导的一位朋友买了束鲜花,为他贺喜。终于把一切安排妥当,此时已经到了下班的时间。晚点走吧,又三番两次被一个个无关紧要的电话打扰,于是他决定回家加班。吃过饭,他又忍不住要看一场球赛,看完后已是晚上11点,于是提笔拟写提纲。

结果，准备仓促，难免出错。第二天的会谈，幸好领导经验丰富，进行得还算顺利。但事后，向琨受到了严厉的批评。

在我们周围也有许多这样的人，走进办公室就开始忙于工作，从早忙到晚，也不分工作的轻重缓急，一天下来总是觉得身心疲惫不堪，却又不知道自己这一天干了几件要事。而造成这种状况的最大原因就是，员工对自己肩负的责任并不重视，结果导致工作效率低下。例如，A、B、C三人被公司选定实施一个项目，公司指定A为工作协调人，主要负责安排任务，每周将具体工作进度和相关情况向公司领导汇报，而没有权力监督执行的结果。

由于B、C两人对现场环境缺乏认识，而且又是第一次进入现场项目组，以前在工作中养成的散漫习惯逐渐暴露出来，使项目仅进行了两周就出现了严重的延迟现象。A出于工作需要向B、C两人提意见，但B、C以A无权干涉为由不予理睬。最终A因无法忍受客户的投诉，向公司提出建议，进一步明确项目成员的责任，尤其是增加自己协调人的管理职能。公司针对现场情况，授权A管理和协调现场的人员。于是A用了一周时间将现场工作的注意事项传达给B和C两人，出现疑问必须立即在团队内部交流。又过了一周，项目的进展情况终于得以扭转。责任驱动高效，这是因为只有明确了个人的责任，才会将个人的全部精力集中于所从事的工作上，专心致志，尽职尽责，提升效率。

20世纪70年代初，初中毕业的孔祥瑞到天津港当码头工人。"没有学历行，没有知识不行"，看到师傅因为技术好特别受同事的敬佩，孔祥瑞决定"干就干出个样来！"他开始主动研究技术，平时一有空闲，就把一些坏了的机械部件拆开,弄懂里面的结构。慢慢地,他成了队里的"能人"。

2001年天津港制定了冲击亿吨大港的奋斗目标,当时孔祥瑞所在的六公司承担了2500万吨的任务指标,是全港总任务的1/4。这意味着,六公司的18台门机,一下子要比上年增加近30%的工作量。那些天,孔祥瑞天天站在门机下面琢磨,希望这些他闭着眼睛都不会摸错的"老伙伴"还存在他不知道的潜力。有一天,孔祥瑞干脆爬上船,近距离观察门机抓斗的动作,突然发现门机抓斗放料时,起升动作有个16秒左右的停滞。能不能把这个作业空当利用起来,提高工作效率呢?他和队里的技术骨干对指挥门机抓斗的"大脑"——主令控制器进行革新改造,将手柄移动轨迹由"十"字形变成"五角星"形,成功地挤出了15.8秒。改造后,每台门机平均每天多生产480吨,大大超过了预定指标。

2002年,门机主令器星形操作法被评为天津市职工十大优秀操作法之一。

2003年,孔祥瑞被调到天津港煤码头公司,任操作一队队长,负责进口的价值8亿元的自动化联动传输设备。接手这套设备两年多来,孔祥瑞带领职工们不仅熟悉了具有世界先进水平的设备的操作方式,不断完善出了一套切实可行的"管用养修"制度,而且还针对这套设备的缺陷,进行了50多处大大小小的改进。

在天津港30多年的工作生涯中,孔祥瑞创造科研成果150余项,为企业创造效益8400多万元。企业中每个人都有自己的责任,只有清楚地认识到自己的责任,才能更好地承担责任。有些人之所以在工作中频频出现问题,就是因为不清楚自己的责任,他们把本该属于自己的责任看成与自己无关,所以没有尽心尽力地去做。只有当他们认清自己的责任，知道哪些是自己分内必须做好的，哪些是在做好分内工作的基础上才可以做的，他们才不会顾此失彼，才会主次兼顾，才会把决定要做的事情做好。

做好该做的事情，是一种崇高的责任，也是优秀员工必须具备的品质。当一个人明确了自己的责任后，才会统筹安排，拿出最佳的方案，真正把劲儿使在刀刃上，效率与质量并重，把工作做得趋于完美、无可挑剔。

树立责任意识，完美行动成就辉煌结果

对于每个人来说，行动是最好的证明。一名聪明的员工只有在行动中才能让自己变得更加优秀。生活中，面对领导交给的任务，不同的人有不同的态度。有些员工，没有任何疑问，马上行动；有些员工则满腹牢骚，向领导抱怨工作的难度。显然前者是每个企业最需要的员工，而且他们会为公司创造更多的价值，得到领导的重用。只有抱怨而没有行动的员工不会对公司和领导负责，而他们自身也必然得不到发展。

如果对企业的发展有一种责任感，那么员工一定会将自己的责任融入具体的行动中，以优秀的业绩实践自己的责任。有一次，东方希望集团总裁刘永行去一家韩国面粉企业参观。然而就是这次普通的参观，给了他很大的触动，使他回国后好几个晚上都难以入眠。

这家面粉厂属于西杰集团，每天处理小麦的能力是1500吨，却只有66名雇员。一个只有几十名员工的小厂，其工作效率之高令刘永行惊叹不已。在国内，相同规模的企业一般日生产能力只有几百吨，而员工人数却高达上百人。250吨日处理能力的工厂也有七八十名员工，日生产能力却仅有韩国工厂的1/6。

为了弄清楚其中的奥秘，刘永行与这家工厂的管理层进行了深入的交谈，了解到他们也在中国投资办过厂。当时的日处理能力为250吨，员工人数却高达155人。同样的投资人，设在中国的工厂与韩国本土生产效率居然相差10倍，效益自然也不会太理想，磨合了一段时间，他们觉得没有改善的可能性，就将工厂关闭了。

两家工厂的效率为什么有如此大的差距呢？是设备的先进程度不同，还是管理方法有差别？当然不是。韩国本土工厂是20世纪80年代投入生产的，而与中国的合资厂却是20世纪90年代建设起来的，设备比原厂还先进，而且工厂的主要管理层基本上都是韩国人。恰好，刘永行遇到了那位曾在中国负责的韩国厂长。那位厂长的回答很含蓄："也许是中国人做事落实不到位吧。"正是这么一句轻描淡写的话，让刘永行回国后彻夜难眠。仔细想一想，与韩国人相比，很多中国人做事的态度不够积极，隐藏在背后的则是责任的缺失。不对公司的发展负责，不对自己的工作负责，如何能使自己的效率得到提升？也许在行动中只是差了那么一点点，就永远不能成就辉煌。

美国标准石油公司曾经有一位小职员叫阿基勃特，他在出差住旅馆的时候，总是在自己签名的下方写上"每桶4美元的标准石油"字样，在书信及收据上也不例外，签了名就一定写上那几个字。他因此被同事叫作"每桶4美元"，他的真名倒没有人叫了。

公司董事长洛克菲勒知道这件事后说："竟有职员如此努力宣扬公司的声誉，我要见见他。"于是邀请阿基勃特共进晚餐。

后来，洛克菲勒卸任，阿基勃特成了第二任董事长。也许，在他人看来，在签名的时候写上"每桶4美元的标准石油"，这实在不是什么大事，但阿基勃特把"责任"这个词的内涵演绎到了极致。那些嘲笑他的人中，肯定有不少比他优秀的，可是没有人像他那样把责任落实到行动中，所以，他能够比别人获得更大的成功。

因此，面对每一份责任，我们都应该抱着追求优秀的积极态度用行动去落实。企业中的责任无处不在，无论是大事还是小事，我们都要全身心地投入，带着强烈的责任感去完成它。责任存在的地方就有机会，只有当责任感成了你的工作态度，你才能与胜任、优秀及成功同行。

休斯·查姆斯在担任"国家收银机公司"销售经理期间，公司的财政发生了困难。这件事被在外头负责推销的销售人员知道了，大家不再认真工作，导致销售量开始下跌。到后来，销售部门不得不召集全美各地的销售员开一次大会。查姆斯先生主持了这次会议。

他请手下几位销售员站起来，要他们说明销售量为何会下跌。这些被叫到名字的销售员一一站起来以后，每个人都有一段最令人震惊的悲惨故事向大家倾诉：商业不景气、资金缺少、人们都希望等到总统大选揭晓后再买东西等。

查姆斯先生突然跳到一张桌子上，命令坐在附近的一名小工友把他的皮鞋擦亮。皮鞋擦亮之后，查姆斯先生给了小工友1毛钱，然后发表他的演说。

他说："这个小工友拥有在我们整个工厂及办公室内擦鞋的特权。他的前任年纪比他大得多，尽管公司每周补贴他5美元的薪水，而且工厂里有数千名员工，但他仍然无法从这个公司赚取足以维持他生活的费用。可是这位小男孩不仅可以赚到相当不错的收入，又不需要公司补贴薪水，每周还可以存下一点钱来。"

查姆斯接着说："现在我要告诉你们，你们现在推销收银机和一年前的情况完全相同：同样的地区、同样的对象和同样的商业条件。但是，你们的销售成绩却比不上一年前。只要你们回到自己的销售地区，并保证在以后30天内，每人卖出5台收银机，那么，本公司就不会再发生什么财务危机了。你们愿意这样做吗？"

大家都说"愿意"，后来也果然都办到了。那些他们曾经强调的种种借口，商业不景气、资金缺少、人们都希望等到总统大选揭晓以后再买东西等，也通通消失了，仿佛根本不曾存在过似的。查姆斯的管理方式很让人佩服。这个例子告诉我们，如果要做一名优秀员工，要成为受领导重用的员工，无论何时都应该做到将责任落实到行动中，只有这样，才能创造辉煌业绩。

与其躺着寻找借口，不如站起来行动！任何一个成功的人都是将理想与现实有机结合起来的人。行动高于一切，只有树立责任意识，立即行动起来，才能有所建树，才能干出业绩！

坚守岗位责任，在平凡中超越平凡

一个人既然得到了一份工作，就必须竭尽全力地把它做好。不管他本人是否喜欢这份工作，也不管工作的条件是否被他认可，既然接受了这份工作，就像做出了承诺一样，必须实现，没有任何商量的余地，因为做好这份工作已经成为自己的责任。

有些员工本来具有出色的能力，却因为不愿尽职尽责，而经常出现疏漏，结果让自己趋于平庸。还有一些人，刚开始在工作中表现得并不出色，他们也明白自己的情况，为了改变自身的境况，他们全身心地、尽职尽责地投入工作中，想尽一切办法解决工作中遇到的困难，把自己的工作做到完美。因此，他们在事业上取得了辉煌的成就。

一个人只有具有高度的责任感，才能在工作中勇于负责，在每一个环节中力求完美，按质、按量地完成计划或任务。李开复早年曾在苹果公司从事技术工作。有一段时间公司的经营状况欠佳，员工们士气低落。李开复经过调查，发现一个问题：苹果公司有许多很好的多媒体技术，可惜因为没有用户界面设计领域的专家介入，这些技术无法形成简便、易用的软件产品。

于是，李开复写了一份题为《如何通过互动式多媒体再现苹果昔日辉煌》的报告。这份报告引起了公司高层的注意，并被送到多位副总裁的手里。最后，公司决定采纳这个建议，发展简便、易用的多媒体软件，并且任命李开复为互动多媒体部门的总监。

多年以后，李开复又遇到了当初的一位上司，后者深有感触地对他说："当年，看到你提交的那份报告我们感到十分惊讶。以前，我们一直把你当作语音技术方面的专家，没想到你对公司战略的把握也这么在行！如果不是这份报告，公司很可能会错过在多媒体方面的发展机会，你也不会有升任总监和副总裁的可能。今天，苹果公司能这么成功，有不少的功劳要归于你和你那份价值连城的报告。"李开复写这份报告完全是自己的责任感使然。

可见，一个具有高度责任感，积极为公司发展献计献策的员工，必定会受到重用。每个领导都很清楚自己最需要什么样的员工，哪怕你是一名最普通的员工，做着最普通的工作，但只要你担当起自己的责任，你就是领导最需要的员工。

作为一名员工，自己应该做的事情一定要保质保量完成。不要以为自己不做自会有人来做，也不要以为自己不负责不会被人发现，不会对企业产生什么影响。当你对工作负责任的时候，也是对自己的人格和道德负责。

做好本职工作是一个永恒的主题，无论你是教授还是农民，无论你是领导还是员工，只有做好自己的本职工作才是最重要的事，否则你就是一颗松动的螺丝钉。一颗松动的螺丝钉可能导致车辆刹车失灵，可能导致飞机失事，后果是不堪设想的。如果全社会的人都努力地做好自己的本职工作，各行各业就会欣欣向荣、朝气蓬勃。

帕特里克·费希尔先生年轻的时候是一个看管旋钉子机器的工人，每天从早到晚所接触的都是钉子，他天天面对无聊的钉子堆，工作对他来说真是枯燥透顶。他想，世界之大，为什么要把一生都消磨在钉子堆里呢？何况这无聊的工作永无出头之日：做完一批制品，另一批制品又接连而来。费希尔先生满腹牢骚，怨言不断。在他身旁工作的另一位工人听了，认为他的话正好说出了自己想要说的，不知不觉地也抱怨起来。

费希尔先生想："难道没有办法把工作改成有趣的游戏吗？"于是他开始研究怎样改进工作和增加工作乐趣。他对同事说："我们来一场比赛，你负责做旋钉机上磨钉子的工作，把钉子外面的粗糙一层磨光，我负责做旋钉子的工作，谁做得快谁就赢了。"他的提议立即得到同事的响应，于是他们开始竞赛，结果工作效率竟提高了一倍。领导对此大加赞扬，不久他们便得到了升迁。费希尔先生后来升为休斯敦机器制造厂的厂长。做好本职工作，就是从现在做起，从自己做起。具体来说，就是要主动承担工作责任，以组织的利益为重，尽心尽力，乐于奉献；要加强学习，提高业务能力，提高自身的综合素质，在做好组织、部门交代事情的同时，献计献策，乐于创新，力争为组织的发展做出更大贡献！

然而，有很多人连本职工作都难以做好，经常出现漏洞和差错，甚至还因本职工作没有做好而影响其他工作的顺利进行和开展，归根到底，其原因还是对责任的疏忽。

一个人应该扮演好自己的各种角色。在家要扮演好自己的家庭角色；在社会上应该扮演好自己的社会角色；在工作中自然要扮演好自己的职场角色。毋庸置疑，要想成就一番事业，就必须坚守自己的岗位责任，将自己的工作做到最好。

勇于担当责任，敬业让人出类拔萃

敬业，是一个人责任心的延伸。一个敬业的员工首先要是一个责任心强的员工。敬业要从意识到自己的责任开始。有的人在工作中缺乏责任意识，是因为这样一种思想在作祟："负责是有权力的人的事情，我只是一个小兵，责任与我何干？"这种观点是大错特错的。抱着这种心态工作的员工，也不可能是一个敬业的好员工。

不同的职位有不同的职责，从来就没有一种职位不需要负责，即使职位再渺小、工作再平凡，也带有不可推卸的责任。一位人力资源总监认为，现在有些员工，只想着报酬，却很少付出，缺乏责任意识，更不愿意承担责任。

在一些员工看来，只有那些有权力的人才有责任，一旦出现错误，有权力的人理应承担责任。有这种想法的员工，是不会有多大发展的。责任不会因为职位渺小而变得无足轻重，更不会因为受到权力的干扰而躲藏起来。

责任面前，人人平等。只要是你的责任，你就要勇敢地承担。方辉是一名刚刚走出校园的大学生，他到一家钢铁公司工作还不到一个月，就发现很多炼铁的矿石并没有得到充分的冶炼，一些矿石中还残留着没有被冶炼充分的铁。如果这样下去的话，公司将会遭受很大的损失。于是，他找到了负责这项工作的工人，向他说明了问题。这位工人却说："如果技术有了问题，工程师一定会跟我说，现在还没有哪一位工程师向我说明这个问题，说明现在还没有问题。"方辉又找到了负责技术的工程师，对工程师说明了他发现的问题。工程师很自信地说："我们的技术是世界上一流的，怎么可能会有这样的问题？"

工程师并没有把他说的看成是一个很大的问题，还暗自认为，一个刚刚毕业的大学生，能明白多少，可能是因为想博得别人的关注而表现自己吧！

但是方辉认为这是个很大的问题，于是拿着没有冶炼充分的矿石找到了公司负责技术的总工程师，他说："我认为这是一块没有冶炼充分的矿石，您看呢？"

总工程师看了一眼，说："没错，哪来的矿石？"

方辉说："是我们公司的。"

"怎么会，我们公司的技术是一流的，怎么可能出现这样的问题？"总工程师很诧异。

"工程师也这么说，但事实确实如此。"方辉坚持道。

"看来是出问题了，怎么没有人向我反映呢？"总工程师有些发火了。

总工程师召集负责技术的工程师来到车间，果然发现了一些冶炼并不充分的矿石。经过检查发现，原来是监测机器的某个零件出现了问题，才导致了冶炼的不充分。

公司总经理知道了这件事后，不仅奖励了方辉，还晋升他为负责技术监督的工程师。总经理不无感慨地说："我们公司并不缺少工程师，但缺少的是负责任的工程师，这么多工程师就没有一个人发现问题，并且提出问题，他们还不以为然。对于一个企业来讲，人才是重要的，但是更重要的是真正有责任感和对公司忠诚的人才。"方辉从一个刚刚毕业的大学生迅速成为负责技术监督的工程师，这可以说是一个飞跃。他获得工作之后的第一步成功就是得益于他对工作的一种强烈的责任感，他的这种责任感让领导者认为可以对他委以重任。

作为职场中人，如果心怀强烈的责任感，对自己的职业怀有一片赤诚之心，就能极大地调动工作的积极性，在自己的岗位上做出卓越的成绩。一个敬业的员工必定是一个对工作负责的员工，这样的员工一定是出类拔萃的。

第 7 章

大浪淘沙,业绩是金:

责任向结果看齐

永恒的职场真理：吹糠见米，用业绩衡量一切

责任感不仅仅是一种职业操守和敬业的态度，其实，责任感与业绩还是有直接联系的。对于领导来说，要提高团队的业绩，就要提升团队的责任感；对于员工来说，要提升工作业绩，也要提高自身的责任感。

业绩是时刻高悬在每一位领导心头的难题，很多领导都在寻找各种方式和方法来提高工作业绩。不过，他们发现，无论是优秀的管理模式还是先进的管理经验，一旦应用到自己的公司就不灵了，工作业绩并没有明显提高。这是为什么呢？因为缺乏责任心。

责任感与业绩之间应该是正比例关系。当责任感提高时，业绩也随之提高；反之，当责任感下降时，业绩也随之下降。所以，要提高工作绩效，首先要确保

员工的责任感，"责任保证绩效。"著名管理大师德鲁克这么认为。很多企业管理者也都从这句话里明白了提高业绩的根本所在。对于员工而言，责任感意味着他在自己的工作范围之内要把该做的都做好。边帅在一家大型建筑公司担任设计师，他刚到公司时领导并没有给他分配很重要的工作，只是常常让他跑工地、看现场，有时他还要为不同的领导修改工程细节，异常辛苦。但他仍认认真真地做，毫无怨言。

有一次，领导安排他为客户做一个设计方案，时间只有三天。接到任务后，他看完现场，就开始工作了。因为这是他的第一次重任，所以他异常兴奋。他吃饭、睡觉的时候，满脑子里都想着如何把这个方案弄好。他到处查资料，虚心向别人请教。三天后，他把设计方案交给了领导，得到了领导的肯定。这个方案给公司带来了巨额利润，这也是他的第一笔业绩，所以领导不但提升了他，还把他的薪水涨了三倍。

后来，领导告诉他："我知道给你的时间很紧，但我们必须尽快把设计方案做出来。如果当初你因此推掉这个工作，我可能会把你辞掉。你表现得非常出色，而且你的业绩证明了你的实力，我最欣赏你这种能够认真履行职责的人！"在这个以业绩为主要竞争力的时代，没有能力做出业绩，或者不能出色完成本职工作的员工，是没有资格要求企业给予回报的，因为这种人恰好是公司打算"去掉"的人选。

所以一名优秀的员工在被埋没时，不应该消沉下去，更不应该忘记自己的责任，而应尽自己最大的努力，主动承担起责任，用业绩来证明自己，这样的人最终一定会成功。

但出色的业绩绝不是口头上说说就能得到的。要吃樱桃先栽树，要想收获需先付出。出色的业绩需要我们在工作的每一个阶段，都付出努力。很多人都觉得子敏的运气特别好。她的专业在这个行业里并不占什么优势，她长相一般，能力也不是出类拔萃，但她进入公司后短短的两年时间里，在每一个部门都做得有声有色，每一次调动都令人刮目相看。关于她的崛起，有各种各样的说法，大致上有这么一点，大家觉得是好运气眷顾了她，给了她得天独厚的机会，否则她凭什么从人事部文员升到分公司经理，一路晋升呢！

只有子敏自己清楚，机会是怎么得来的。

进这家大公司的时候，专业优势不明显的她先被分到人事部，做一个并不起眼的文员。那个部门，能言善辩、八面玲珑的女孩子和深谙权术、势利平庸的男人层出不穷。她不惹是非，只是认真地履行自己的职责。如发现别人输错了数据，她悄悄修正了，并不大肆渲染；领导让她做什么，她竭尽所能，总是在第一时间做到，让人无可挑剔；别人扎堆抱怨工作百无聊赖、领导苛刻、地铁太挤时，她在悄悄熟悉公司的部门、产品以及主要客户的情况。

营销部经理终于发现她的才能，就打报告要求她去顶他们部门的一个空缺。

营销部令她的世界骤然开阔起来。同原先一样，她的特色就是默默努力。半年后，她的几份扎实的调查分析报告，为公司创造了不小的业绩，为她赢得了一片喝彩。一年后，她已经是营销部公认的举足轻重的人物了，看到她在会议上气定神闲、无懈可击的发言，原来人事部的同事大跌眼镜。

荣升公司经理不久，总经理请她喝茶，问她愿不愿意接受挑战，去情况并不乐观的北方公司。她答应了。子敏选择了库存积压最厉害的第一销售处，开始了她的第一步工作。寒冷的冬天，她一个人借了一辆自行车，找代理公司产品的代理商，了解产品滞销的原因。几个月后，情况有了明显改善。

不知情的人以为她这两年走红运，哪里知道她成功背后的艰辛。子敏能够认真履行自己的职责，最终用业绩证明了自己的实力，获得了成功。业绩是检验一切的标准，能带来业绩的员工是公司最宝贵的财产，所以想证明自己，就应该认真地履行自己的职责，用业绩证明自己。

吹糠见米，业绩衡量一切。业绩是永恒的职场圣经，业绩的成长需要靠责任去推动，任何一个对工作负责的人都应该清楚这一点。对负责任的员工来说，高业绩是他们永远追求的目标。工作中履行你的责任，做出成绩来，证明你的能力，才能展现你的职业价值！

选择落实责任，收获辉煌业绩

没有落实的责任就是无效责任。无论责任是大是小，只要没有落实到位，就是空谈。没有落实责任大致有两种原因，一是责任心缺失而不去落实责任；二是没有找到自己要落实的根本责任，工作做了不少却没有抓住要点，自然得到的也是无效责任。

一位公司的老总曾经苦笑着说，他的公司里来了个新会计，做报表的态度很认真，报表的格式也做得漂漂亮亮，整整齐齐三张纸。可惜，报表上的数据与实际发生额相差甚远，不但领导看了一头雾水，而且她自己对报表上的原始数据来源也都说不清楚。于是，这张报表就成了实际上的废纸，在公司管理层做决策时一点参考价值都没有。

这位会计没有发现工作中的核心价值，她虽然表面上完成了任务，看似负责，实际上却把问题带到了领导那里。

工作中，领导关心的事不是出现了什么问题，应当怎样去解决，而是问题有没有解决，有没有一个确切的结果。在这里，很多人有一个思想上的误区，认为自己只要完成了领导交代的任务，就是创造了业绩，得到了结果，实际上并不是这样。任务只是结果的一个外在形式，它不仅不能代表结果，有时还会成为我们工作中的托词和障碍。

要取得让领导满意的结果，我们就要关注自己工作的核心价值，而不是把目光放在任务是否完成上。世界上没有做不好的工作，只有不负责任的人；世界上没有不能解决的问题，只有不肯付出努力的人。

老张是个退伍军人，几年前经朋友介绍来到一家工厂做仓库保管员。这家仓库的管理人员刚刚"下岗"，因为仓库失火，公司损失很大。那位管理人员却振振有词："仓库东西那么多，天气又那么干燥，失火是难免的！"

后来，老张接受了这份工作，工作其实不繁重，无非就是按时关灯，关好门窗，注意防火防盗等，但老张做得十分认真。他不仅每天做好来往工作人员的提货日志，将货物有条不紊地码放整齐，还对仓库的各个角落进行打扫清理。

三年下来，仓库没有发生一起失火失盗案件，其他工作人员每次提货都会在最短的时间里找到所要提的货物。在工厂建厂20周年庆功会上，厂长按老员工的级别，亲自为老张颁发了5000元奖金。很多老职工不理解，老张才来厂里三年，凭什么能够拿到这个老员工的奖项？

厂长看出大家的不满，说道："你们知道我这三年中检查过几次咱们厂的仓库吗？一次也没有！这不是说我工作没做到位，其实我一直很了解咱们厂的仓库保管情况。作为一名普通的仓库保管员，老张能够做到三年如一日不出差错，而且积极配合其他部门人员的工作，对自己的岗位忠于职守，比起一些老职工来说，老张真正做到了爱厂如家，我觉得这个奖励他当之无愧！"

同样是一份保管员的工作，有人在工作失职后仍然振振有词，而有人可以几年如一日，在平凡的岗位上，做出不平凡的贡献。他们之间的能力并没有什么区别，重要的区别在于前者失去了责任感。

一个人所能取得的成就，完全取决于他对待工作的态度。一个人无论能力高低、所在岗位大小，只要能够以一种负责的态度积极地投入自己的工作，就能够做好自己的工作，赢得别人的尊敬。相反，如果只是敷衍地应付自己的工作，再拿手的事情他也会做得一团糟。

如果一个人希望自己一直有杰出的表现，就必须在心中种下责任的种子，让责任感成为鞭策、激励、监督自己的力量，把责任融入伟大的事业，在平凡的岗位上一样能做出不平凡的事。

在东北，"小土豆"连锁店的服务和菜品都颇受人们的好评。1988年，24岁的刘新开了个小饭馆。饭馆开得不顺利，不到一年时间，不仅7000多元本钱全部赔了进去，而且还欠了不少债务。

刘新并没有气馁，他怀着深沉的责任感，重新回到当地最繁华的商业街太原街，用自己的房子作为抵押，然后借了3000元，盘下一家小饭店，开起了一家名叫"林苑"的冷面店。

刘新亲自到市场上去采购新鲜蔬菜，亲自掌勺担当大厨。为了吸引消费者，每餐都要免费给消费者赠送一盘自家精心制作的开胃小菜——酱小土豆。

许多消费者来冷面店，不是为了吃冷面，而是为了吃酱小土豆，甚至干脆把这家餐饮店直接称为"小土豆"。这种小土豆本是东北地区的一种特产，虽然块头比一般土豆小得多，可营养价值很高。

刘新想："既然他们那么喜欢吃小土豆，为什么我不干脆把它改名为'小土豆'呢？"就这样，第二天，店名就改成了"小土豆"酱菜馆。店名改为"小土豆"后，刘新开始集中精力四处走访，大量学习民间的小土豆烹调技术，然后加以改进，在其中添加了多种药材、酱油，拌以五花肉、香菜等进行炖制。就这样，一道颇具东北地区特色的"小土豆"特色菜应运而生了。

一招鲜，吃遍天。"小土豆"问世后，受到消费者的热烈欢迎。消费者常常要排队等候，才能吃到这简单实惠的风味酱菜和炖菜，很多人都成了这里的常客。

接下来，刘新一鼓作气，专门投资几百万元，开辟了小土豆无公害生产基地，用来精制酱料、烹制特色小土豆，从而实现生产、加工、销售一条龙，从此，大量的"小土豆"连锁店出现在全国人民的视线中。由此可见，成功的人一定是负责任的人。他们关注结果，并认真努力地去获得结果。将责任根植于内心，让它成为我们的一种强烈意识，在日常行动和工作中，这种责任意识会让我们在落实工作中表现得更加卓越。无论你正在从事什么样的工作，若想获得成功，就不要轻视自己的工作，而要在工作中负起自己的责任。

锁定责任才能锁定结果。一个人责任感的高低，决定了他工作业绩的高低。当你的上司因为你的工作很差劲批评你的时候，你首先应该问问自己：是否为这份工作付出了很多，是不是一直以高度的责任感来对待这份工作？一个负责任的人是不会给自己的工作交白卷的。

有些员工本来具有出色的能力，却因为不具备负责的工作精神，在工作中经常出现疏漏，业绩根本提不上去。而另一些人能力一般，但他们全身心地、尽职尽责地投入工作，最终他们在事业上取得了成功。

选择落实责任，就一定能收获辉煌业绩。所以，在落实责任过程中，我们必须树立结果心态，强化结果导向。只有这样，才能创造优秀的业绩。

在责任面前，"差不多"其实差很多

无论在生活还是工作中，我们常听到的一个词语就是"差不多"。因为"差

不多",往往使得我们多走弯路。"差不多"是我们工作业绩不能提高的重要原因。"差不多"其实就是责任心不强的最突出表现,任何一个有责任心的员工都应为自己定下一个标准,这个标准不是"差不多",而是完美。所有的结果不再是"差不多",我们所有的努力都将会直指完美。

国学大师胡适先生的《差不多先生传》,深刻地描绘了国人的"差不多"心理。我们可以回味一番,看看里面有没有自己的影子。

你知道中国最有名的人是谁?提起此人可谓无人不知,他姓差,名不多,是各省各县各村人氏。你一定见过他,也一定听别人谈起过他。差不多先生的名字天天挂在大家的口头上,因为他是全国人的代表。

"差不多先生"的相貌和你我都差不多。他有一双眼睛,但看得不很清楚;有两只耳朵,但听得不很分明;有鼻子和嘴,但他对于气味和口味都不很讲究;他的脑子也不小,但他的记性却不很精明,他的思想也不很缜密。

他常常说:"凡事只要差不多就好了,何必太精明呢?"

他小的时候,妈妈叫他去买红糖,他却买了白糖回来。妈妈骂他,他摇摇头道:"红糖和白糖不是差不多吗?"

他在学堂的时候,先生问他:"直隶省的西边是哪一个省?"他说是陕西。先生说:"错了。是山西,不是陕西。"他说:"陕西同山西不是差不多吗?"

后来他在一个钱铺里做伙计,他也会写,也会算,只是总不精细,"十"字常常写成"千"字,"千"字常常写成"十"字。掌柜的生气了,骂他,他只是笑嘻嘻地说："'千'字比'十'字只多一小撇，不是差不多吗？"

有一天，他为了一件要紧的事，要搭火车到上海去。他从从容容地走到火车站，结果迟了两分钟，火车已在两分钟前开走了。他干瞪着眼，望着远去的火车上的煤烟，摇摇头道："只好明天再走了，今天走同明天走，也还差不多。可是火车企业未免也太认真了，8点30分开同8点32分开，不是差不多吗？"他一面说，一面慢慢地走回家，心里总不很明白为什么火车不肯等他两分钟。

有一天，他忽然得了一种急病，叫家人赶快去请东街的汪大夫。家人急急忙忙地跑去，一时寻不着东街的汪大夫，就把西街的牛医王大夫请来了。"差不多先生"病在床上，知道寻错了人，但病急了，身上痛苦，心里焦急，等不得了，心里想道："好在王大夫同汪大夫也差不多，让他试试看吧。"于是这位牛医王大夫走近床前，用医牛的法子给"差不多先生"治病。不一会儿，"差不多先生"就一命呜呼了。

"差不多先生"差不多要死的时候，断断续续地说道："活人同死人也差……差……差……不多……凡事只要……差……差……不多……就……好了，何……何……必……太……太认真呢？"他说完这句格言，方才绝气。

他死后，大家都称赞"差不多先生"样样事情看得破、想得通，大家都说他一生不肯认真、不肯计较，真是一位有德行的人，于是大家给他取了个死后的法号——圆通大师。

后来，他的名声越传越远，越传越大。无数人都以他为榜样，于是人人都成了一个"差不多先生"。

现实中，诸多的"差不多"造成了一些我们不希望看到的结果。企业也是一样，一个由许多人组成的企业是经不起连续的"差不多"的，哪怕只有1%。由上到下布置一项任务，如果一个人差1%，下一个人又差1%，如此下去，结果也就可想而知了。"差不多"其实是差很多，仅仅因为差那么一点，就使我们工作中的很多努力化为乌有。很多工作就是因为"差不多"而前功尽弃，这样的结果怎能不令人扼腕痛惜。

因此，在职场中"差不多"的心理是坚决要不得的，我们每个人都要努力避免陷入这个误区中。无论做什么事情，一定要多问自己几次："真的可以'差不多'吗？差的那一点会给自己、企业和客户带来什么不利影响？"

当然，每个人在社会上的位置不同，职责也有所差异，但不同的位置对每个人有一个最基础的做事要求，那就是摒弃凡事"差不多"的工作态度，为自己的工作树立严格的标准。

"制造世界上最好的汽车"是劳斯莱斯的座右铭。每辆劳斯莱斯车都是最棒的，完美成为劳斯莱斯的唯一标准，这种完美为它赢得了永恒的声誉。同样，做到完美是任何一个人都应追求的最高标准。18世纪法国的著名启蒙思想家伏尔泰也是著名的剧作家，他创作的悲剧《查伊尔》公演后，得到观众很高的评价，许多行家也认为这是一部不可多得的成功之作。

但当时，伏尔泰本人对这一剧作并不十分满意，认为剧中对人物性格的刻画和故事情节的描写，还有许多不足之处。因此，他拿起笔来一次又一次地反复修改，直到自己满意才肯罢休。

经伏尔泰这样精心修改后，剧本确实一次比一次好，但是，演员们却非常厌烦，因为他每修改一次，演员们都要重新按修改本排练一次，这让他们花费许多精力和时间。

为此，出演该剧的主要演员杜孚林气得拒绝和伏尔泰见面，不愿意接受伏尔泰重新修改后的剧本。这可把伏尔泰难住了，他不得不亲自上门把稿子塞进杜孚林住所的信箱里。然而，杜孚林还是不愿看他的修改稿。

有一天，伏尔泰得到一个消息，杜孚林要举行盛大的宴会招待友人。于是，他买了一个大馅饼和十二只山鹑，请人送到杜孚林的宴席上。

杜孚林高兴地收下了。在朋友们的热烈掌声中，他叫人把礼物端到餐桌上用刀切开，当在场的人把礼物切开时，所有的客人都大吃一惊，原来每一只山鹑的肚里都塞满了纸。他们将纸展开一看，原来是伏尔泰修改的稿子。

杜孚林哭笑不得，后来他怒气冲冲地找到伏尔泰，说："你为什么要这样做？"

伏尔泰说："我希望以完美的剧作展示给观众。"可以试想，伏尔泰如果处处以"差不多"来要求自己，他不可能成为伟大的文学家，不可能在世界文坛占有一席之地。是内心的责任感使伏尔泰以完美作为自己的行为标准，以期给观众带来完美的剧本。其实，每个员工都不应该以"差不多"作为标准，马马虎虎、敷衍了事，这样只会在工作中留有遗憾。

成功者无论从事什么工作，都绝对不会轻率疏忽。因此，在工作中，你应该以最高的标准要求自己,能做到最好,就必须做到最好。任何一个优秀的企业都必须设法先使每个成员都具有凡事做到最好的思想,只有这样才能生产出高质量的产品。

在工作中不做"差不多先生",完美的业绩最终将会证明你的努力没有白费。当我们不再以"差不多"作为自己的行为准则,能做到最好绝不做"差不多",我们就能创造优秀的业绩。

把责任留给自己,把结果带给领导

那些心怀责任,把业绩留给领导的人比较看重贡献,他们会将自己的注意力投向公司的整体业绩,而不是自己的报酬和升迁。他们会经常自我反省"我究竟做到了什么",这既有利于他们提高工作责任感,又能充分发掘他们尚未被充分利用的潜力。相反,那些把问题留给领导的员工不懂得反省"我究竟做到了什么",他们不清楚自己的工作使命,只知道将任务完成就可以交差了。这种心态致使他们不但不能充分发挥自己的能力,而且还很有可能把目标搞错,以至于南辕北辙。

不管走到哪里,你都能发现许多才华横溢的失业者。当你和这些失业者交流时,会发现这些人对原有工作充满了抱怨、不满和谴责。要么怪环境条件不够好,要么怪领导有眼无珠、不识英才,总之牢骚一大堆,积怨满天飞。殊不知,这就是问题的关键所在——怨天尤人使他们丢失了责任感和使命感,只对寻找不利因素兴趣十足，从而使自己发展的道路越走越窄。他们与公司格格不入，变得不再有用，只好被迫离开。

把责任留给自己，把结果带给领导，这是我们做到一流的根本保障。在有关企业的回忆录中，比尔·盖茨这样写道："早期的计算机时代是这样的，一周有几十个新公司诞生，不到一年就都换了雇主。我们为每一个新公司新设计的机型配置我们的BASIC，每天忙于东奔西跑，看到的却是公司的雇员频繁更换，雇主频繁更换。"

比尔·盖茨说这些话时已年近40，虽然是冷静的声调，但透出他创业初期的思考，设身处地地在他的位置上想一想，看着一家又一家公司走马灯似的换将，他又怎能不想自己公司的前途？"我们当时真没想我们公司的未来会怎样，没有可能幻想，那时我与艾伦谈论较多的话题是我们在湖滨男校时就多次谈论过的，做软件公司能活下去吗？艾伦说：'只要我们将它做到最好，应当没问题。'于是，我们继续没命地工作，力求事事做到最好。也正是这种信念，让微软坚持到了今天。"比尔·盖茨深知：微软要么就成为行业的龙头老大，要么就会被人吞并或自行破产。同理，作为一名员工，你要么因为做得一流而出色，要么离开。事实就是这么无情，道理就是这么简单！

所以，比尔·盖茨对微软员工们的要求是："我不要求你们一天24小时地磨工作，我只希望你们尽全力把分内的事情做好。"做好自己分内的事，只有自己才是业绩和成果的主宰。对工作富有责任，是取得业绩和成果的最低要求，也是最简单的标准。对于领导来说，拿出最好结果的员工才是最有价值的员工。

IBM集团的前任总裁托玛士·沃森曾深有感触地说:"我最不喜欢听到下属在接受任务时说'No(不)',而只爱听他们说'Yes(是)'。每当有工作要交给下属处理时,我都希望下属愉快地接受,然后说一句'OK!我一定会尽快办好',或者说'OK!我定会尽最大努力去做!'"

工作中,领导最关心的还是结果。因此,作为一名优秀的员工,应当认清自己的工作责任,做公司发展需要的事,把责任留给自己,把结果留给领导。然而,工作中只有极少数人能够做到这一点。我们总是很容易遇上很多怀才不遇的人,他们身上具备很多优秀的品质,他们也充满激情和梦想,可是他们总是做得不尽如人意,也得不到领导的赏识。相反,总有比他们平庸的人获得成功。他们也常常因此而埋怨:为什么上天不垂青于自己?实际上,这是因为他们只懂得统计自己的工作量,而不知道领导和公司真正需要的结果是什么。当然,他们也无法取得让领导满意的业绩。

事实上,认为在工作中对任务负责,而不是对结果负责,这是对自己工作价值认识上的一个误区。员工应当清楚地知道,自己既然拿了公司的工资,就应当提供相应的价值。

只有抱着这样的心态去理解自己的工作,才能解决好工作上的问题,完成自己的工作使命。林克是一家著名的管理咨询公司的业务经理。他有一个习惯,每次在接受客户的委托之前,总要先花点时间去拜访该客户组织的高级主管。在问了一些有关业务委托方面的问题之后,林克总要向这些高级主管提些诸如"在你们公司,你负责什么?"之类的问题。

据林克统计，大部分主管的回答是"我负责的是财务"或"我主管的是销售"，还有一些人回答"我掌管的员工是100名"，只有很少的一部分人才会说"我的责任是向管理者提供决策所需要的正确信息"，或者是"比去年的任务量提升30%是我的责任"。这两种不同的回答反映了人们对待工作价值认识上的差异。

正是这种认识上的差异导致了把问题留给领导还是把业绩留给领导这两种行为的差异。那些清楚自己工作使命，把业绩留给领导的人比较看重贡献，他们会将自己的注意力投向公司及个人的整体业绩，而不是自己的报酬和升迁。

也许，你初入职场时，会被安排在平凡的工作岗位上；也许，此时的你仍在公司的最底层做着不被重视的工作，这些都不要紧，只要你心怀责任，积聚能量，做出令领导满意的结果，你一定可以抓住机会实现梦想。

责任是否到位，结果证明一切。竞争残酷无情，无论你曾经付出多少心血，做了多少努力，只要你拿不出成绩，那么上司付给你工资就是在浪费金钱。给领导结果，领导才会觉得你确实落实了责任，你的职业之路才会走得更加顺畅。

责任为导向，业绩是硬道理：不动摇，不懈怠，不折腾

无论是国家，还是企业或个人，只要我们为自己树立切实可行的业绩目标，"不动摇，不懈怠，不折腾"，每个人都各司其职，专心谋发展，我们一定能在工作中创造更大的辉煌！

业绩是任何一个企业和个人得以发展的最根本保证，因此只有业绩才是评价企业或员工个人成就的主要标准。只会空喊口号的人不会得到组织的青睐，只有能干出业绩的人才会得到企业的重视。

其实，对于任何企业和员工来说，"业绩是硬道理"，做不出业绩的任何努力都是白费工夫。业绩是检验优劣的标准，是证明能力的尺度。一个组织或一个人是否优秀，关键要看其所创造的业绩，因为只有业绩才能让组织或个人赢得发展。美国施乐企业曾经辉煌一时。施乐的辉煌源于20世纪最伟大的发明之一——静电复印技术，因为这项伟大的发明，1962年施乐企业跻身于全球500强企业的行列，成为复印机业的领军企业。

但这样一家成功的企业，最后却被竞争对手无情地甩在身后，论其原因，可谓"成也萧何，败也萧何"。

当传统的复印机已经不能与电脑等新型的办公设备相关联工作时，施乐企业还在一门心思地生产传统复印机产品。而此时，日本的佳能企业已经推出了颇受现代办公族欢迎的中小型数码复印机。

一边，施乐还躺在前人的功劳簿上，盈利能力衰退，新产品的研发也停滞不

前；另一边，佳能不断努力，推出迎合市场变化的新产品。数字化时代到来的时候，保守的施乐企业终于难以生存下去，几乎面临破产和倒闭。

2000年，施乐复印机在美国失去了约1/3的市场份额，佳能复印机如愿以偿地坐上了美国复印机市场的头把交椅。到了年底，施乐不得不以5.5亿美元的价格将股权转让给了日本富士企业。市场竞争激烈无比，如果企业拿不出自己的业绩，那么尽管你曾是业界霸主、龙头老大，你的结局也只能是退出市场、退出舞台。赢得好业绩，是一个企业能够保持优势生存，缔造常青基业的根本保障。放弃了对业绩的坚守，就是放弃了企业生存的底线。

同样，对于个人而言，业绩也是最重要的评判标准。从事同样一份工作，业绩是考核优劣的重要标准。工作不仅要去做，还要做成、做好。不仅要努力做事，更要做成事！

联想集团有一个很有名的理念："不重过程重结果，不重苦劳重功劳。"这是写在《联想文化手册》中的核心理念之一。也许还有很多人对这个理念难以认同，主要是在感情上难以接受，因为在我们的传统观念中，评价一个人的好坏常常用是否"任劳任怨""刻苦努力"作为标准，而很少去过问这个人为单位创造了怎样的价值，能否把一个好的业绩带给单位。源于这些思想的泛滥，才出现了各行各业的形式多样的表面工程——表面是在努力工作，最终并不能带来好的结果，所做的大部分工作都成了无用功。

李梅是某家企业的员工，一天领导让她去买几本企业急用的参考书。李梅先到第一家书店，书店店主说："刚卖完。"之后她又去了第二家书店，营业人员说已经去进货了，要隔几天才有。李梅又去了第三家书店，而这家书店根本没有这些参考书。

快到中午了，李梅只好回企业，见到领导后，李梅说："跑了三家书店，快累死了，都没有，过几天我再去看看！"领导看着满头大汗的李梅，满脸不悦……李梅忙了一个上午，花费了大量精力，但是她没能完成任务，领导当然不高兴。如果我们每个人都满足于苦劳，满足于"我尽力了，没有结果我也没办法"，那么组织靠什么生存？

事实上，每一个人的人生价值都是伴随着工作的业绩得以体现的，人生的境界也靠非凡的奋斗结果来升华。在行动中赢得令人瞩目的业绩，才能向大家证明自己的能力，才能从平凡走向卓越，才能成就一番大事业。

付出的努力固然使人感动，但在新的历史形势下，只有不断创造业绩的人，才能有更好的发展。因为没有功劳的所谓苦劳实际上是没有人重视的，创造有价值的功劳是我们的最终目标。

很多优秀的人士往往都是在自己平凡的岗位上努力工作，将创造最优秀的业绩作为自己的目标，这样才成就了他们的优秀。世界上最伟大的推销员乔·吉拉德就是这样的一个人。有一次，乔·吉拉德在不到20分钟的时间就卖出了一辆汽车。后来对方说自己就在这里工作，之所以来买他的车，就是为了向他学习销售秘诀的。

乔·吉拉德得知后，马上笑嘻嘻地把订金退给了对方，告诉对方说，自己并没有什么销售秘诀，只是自己的状态能够深入顾客的生活中去，记住这一点就够了。

乔·吉拉德认为，35岁以前频繁跳槽的举措是根本错误的，最好的办法是在一个职业上做下去。

他举例说："干事业就好比种树，树苗种下去后需要精心呵护、慢慢长大。你在那里待得越久，树就会长得越大，这表明你得到的回报也就越多。"

乔·吉拉德很欣赏美国前第一夫人埃莉诺·罗斯福说过的一句话："没有得到你的同意，任何人也无法让你感到自惭形秽。"乔·吉拉德全身心地投入"卖汽车"的事业中，连续12年荣登世界吉尼斯纪录世界销售第一的宝座。只要努力工作，将做出优秀的业绩作为自己的本分责任，你就一定会得到相应的业绩回报。

无论对于企业还是个人，不管在行业或组织中的地位如何，不管现今的发展程度如何，只有业绩才能作为发展的保证。如果你把工作当作一项事业来看待，你一定会创造别人所不能及的高业绩，为自己的发展打下坚实的基础。

以责任为导向，业绩才是硬道理。能创造业绩的组织必能在行业中立于不败之地，能创造业绩的职员必定是组织中最宝贵的财产。因此，我们应该以责任为导向，不动摇，不懈怠，不折腾，努力为自己、为企业创造高业绩！

 第 8 章

与企业心连心,
责任铸就战无不胜的黄金团队

企业兴亡，员工有责

我们时常听到有人说："企业垮了那是领导的事，与我没关系，大不了换个地方。"这是典型的没有责任感的员工说的话。"天下兴亡，匹夫有责。"这句话同样可以用到员工与企业的关系上——"企业兴亡，员工有责。"

因此，可以说企业就是员工的船，员工就是船的主人。员工不能让自己做一个旁观者，而要树立"企业发展我发展"的意识。要看到企业面临的严峻挑战和发展机遇，用责任心和行动推动企业向前发展。

土光敏夫在担任东芝株式会社社长时对员工提出了这样的要求——为了事业的人请来，为了工资的人请走。土光敏夫这么做有什么深刻意义吗？土光敏夫认为：因为事业的价值而聚集在一起的人，才能真正把事业做大，即使企业面临困境，这些人也会和企业风雨同舟，荣辱与共。那些因为工资才来的人，只是看重企业的福利和待遇，并不是企业本身对他有吸引力，如果有一天企业出现困难，他们肯定会拍拍屁股走人，因为他们想要的东西企业已经不能再给他们了。他们自然会到一个能够给他们带来物质满足的企业，但绝不是现在的企业。

员工必须关心企业的发展，心忧企业兴衰，与企业一同成长。因为企业就是你的船，一旦上了船，你就要保持强烈的责任感，将自己的命运与企业的命运联系在一起。

本杰明·鲁迪亚曾经说过："没有谁必须要成为富人或成为伟人，也没有谁必须要成为一个聪明人。但是，每一个人必须要做一个负责任的人。"

在今天并不缺乏有才能的人，那些既有才能又能与企业风雨同舟、荣辱与共的人，才是总经理心目中的最佳员工。只有拥有风雨同舟、荣辱与共的员工，企业才会无坚不摧，战无不胜。李欣然学历不高，最初只是在一家房地产公司做电脑打字员。她的打字室与总经理的办公室之间只隔着一块大玻璃，总经理的举止她都可以看得清清楚楚。但她很少向那边多看一眼，她每天都有打不完的材料，她知道工作认真刻苦是她唯一可以和别人一争长短的资本。她处处为公司打算，打印纸从不浪费一张，如果不是紧要的文件，她会把一张打印纸两面用。

一年后，公司资金运作困难，员工工资开始告急，大家纷纷跳槽，最后总经理办公室的工作人员就剩下她一个了。人少了，她的工作量陡然加重，除了打字还要接听电话，为总经理整理文件。

有一天，她走进总经理的办公室，直截了当地问总经理："您认为我们的公司已经垮了吗？"总经理很惊讶，说："没有！""既然没有，您就不应该这样消沉。现在的情况确实不好，可很多公司都面临着同样的问题，并非只有我们一家。虽然您的2000万元砸在了工程上，成了一笔死钱，可公司没有全死呀！我们不是还有一个公寓项目吗？只要好好做，这个项目就可以成为公司重整旗鼓的开始。"说完她拿出了该项目的策划文案。

很快，李欣然被派去负责那个项目。3个月后，那片位置不算好的公寓全部售出，李欣然为公司拿到了5000万元的支票，公司终于有了起色。

在庆典酒会上，总经理请李欣然为在场的数百名员工讲几句话。李欣然说："一要用心，二要没私心。"李欣然是这个企业杰出的一员，她在公司遭受危难的时候并没有弃公司而走，而是主动承担起重振公司的重任，这种"公司兴亡，员工有责"的职业精神正是现代企业中所不可或缺的。

然而在一些人看来，自己只是一名普通员工，没有什么责任可言。有这种想法的员工，根本没有意识到自己的责任。每一个员工都有义务、有责任履行自己的职责和义务。这种履行必须是发自内心的责任感，而不是为了获得奖赏或者别的什么。

有责任感的员工，才能够得到领导的信任，也才能够获得事业上的成功。李刚是一家大型滑雪娱乐公司的普通修理工，这家滑雪娱乐公司是全国首家引进人工造雪机在坡地上造雪的大型滑雪娱乐公司。有一天晚上，李刚深夜出去巡夜，看见有一台造雪机喷出的全是水，而不是雪，这是造雪机的水量控制开关和水泵水压开关不协调造成的。他赶紧跑到水泵坑边，用手电筒一照，发现坑里的水快漫到动力电源的开关口了，若不赶快行动，将会发生动力电缆短路的事故，这会给公司带来重大损失，甚至可能伤及许多人的性命。在这种情况下，他不顾个人安危，跳入水泵坑中，控制住了水泵阀门，防止了水进一步漫延。

李刚穿着全身是水的衣服，把坑里的水排尽，重新启动造雪机开始造雪。当许多同事赶过来帮忙的时候，他已经把问题处理妥当。这时候，他浑身颤抖得走不动路了。领导闻讯，连夜把李刚送入了医院。

李刚的英勇行为，让公司避免了重大损失，他因此受到了公司的表扬和嘉奖，并从一名小小的修理工提升为部门经理。公司就是你的船，船上的每一个人都负载着企业生死存亡、兴衰成败的责任，这种责任是不可推卸的，无论你的职位高低。

一个没有责任感的人，不但不会忧企业之忧，想企业之想，还会让企业的利益受到损害。他们就是企业的潜在危机，随时都可能给企业带来损失。一位零售业经理在一家超市视察时，看到自己的一名雇员对前来购物的顾客极为冷淡，令顾客极为不满，而他自己却满不在乎。

这位经理问明缘由之后，对这位雇员说："你的责任就是为顾客服务，让顾客满意，并让顾客下次还到我们这里来。但是你的所作所为是在赶走我们的顾客。你这样做，不仅没有担当起自己的责任，而且使企业的利益受到损害。你懈怠了自己的责任就失去了企业对你的信任，一个不把企业当成是自己企业的人，就不能让企业把他当成自己人，你可以走人了。"

这位经理让人佩服的一点就在于他没有把这个问题简单地看成是服务态度的问题，而是看到了服务态度背后更深一层的问题——责任。

企业的发展与每个人的努力息息相关，每个人都可以使企业有所变化。

企业里的每一个员工都对其他员工负有责任，这就像互相咬合的齿轮，大家必须紧紧地连在一起，才能共同发挥作用。任何一个人没有承担起自己的责任，企业的发展就会受到严重阻碍。企业的整体责任属于企业中的每一名成员，无论你的职位高低。

海尔集团的一名员工这样说过："我会随时把我听到的、看到的关于海尔集团的意见记下来，不论是在朋友的聚会中，还是走在街上听陌生人说的话。因为作为一名员工，我有责任让我们的产品更好，我们有责任让我们的企业更成熟、更完善。"

作为公司中的一员，你应当树立起"这是我的船"的意识，自觉主动地维护公司的利益，为公司的兴旺和发展担负起自己的责任。

对企业负责就是对自己负责：培养主人翁精神

新娘过门当天，发现新郎家有老鼠，嘿嘿地笑道："'你们'家居然有老鼠！"第二天早上，新郎被一阵追打声吵醒，听见新娘在叫："死老鼠，打死你，打死你，居然敢偷'我们'家米吃！"

这个有趣的故事给我们一个启示：每位员工进入公司后，都应有"过门"心态，把公司当成自己的家，树立主人翁精神。公司中的每一位员工，既是一个相对独立的个体，必须对自己的工作负责，又是公司团队中的一员，要对自己所属的团队负责。现代企业强调团队合作，一名员工只有首先对自己的团队负责，才能对自己的工作负责。

在竞争激烈的年代，组织中的每个成员，若想把工作做好、获得成功，首先就要想办法尽快融入一个团队，在工作中积极主动地向自己的上司和同事学习，加强和周围所有人的合作，并在合作中取长补短，及时、高效地完成任务，尽好自己的职责。

对团队负责才能对自己负责。要对团队负责，就要先培养自己的主人翁精神。一个人只有对团队负责，才能保证自己的工作与团队的工作方向一致，才不会为了个人利益而扯团队的后腿，才不会做无用功，费力不少却对公司没一点儿用处。如果你完成一项工作后，对于公司整个计划起不到促进作用，甚至因为你而影响公司执行力的发挥，那么你是对自己的工作负责吗？显然不是，应该是失职，严重了就是渎职。

当产生"责任空白"的时候，我们应当主动发扬主人翁精神，用自己的行动来填补责任上的空白。有一次，一家公司的业务部经理带领他的团队去参加一个产品展示会。

在开展之前有许多事情需要加班加点做，比如，展位设计和布置、产品组装、资料整理和分装等。可业务部经理率领的团队中的大多数人，却和往常在公司时一样，不肯多干一分钟，一到下班时间，就跑回宾馆去了。

在开展的前一天晚上，公司总经理亲自来到会场，检查会场的进展情况。

到达会场，已经是凌晨1点。让总经理感动的是，业务部经理和一个安装工人正趴在地上，认真地擦着装修时粘在地板上的涂料，两个人都浑身是汗。让总经理惊讶的是，他没有看见其他人。

业务部经理见总经理来了，就简单地把情况介绍了一遍，并说这名叫张岳的工人是主动留下来工作的。

总经理听完叙述，没有做出任何表示，只是招呼他的秘书和其他几名随行人员一同参加工作。参展结束后，总经理将与业务部经理一同工作的张岳提拔为安装分厂的厂长。

其他人都来找人事部经理理论，经理说："你们在日常的工作里也偷了很多懒，这是对工作的不负责任。张岳虽然只是多干了几个小时的活，但据我们调查，他一直是一个一心为公司着想的人，在平日里默默奉献了许多，比你们多干了许多活，他应该得到提拔。"应该说，张岳就是一个具有主人翁精神的员工，他没有懈怠自己的责任，而是主动去承担。如果每个人都能充分发扬主人翁精神，那么企业就不会出现那么多责任缺失的现象了，企业也必然会健康、稳定地发展下去。

李教授在10年以前曾经访问过中国台湾地区的资策会。资策会的全称是"台湾资讯产业策进会"，是一家以从事资讯产业发展为目标的研究开发机构。这里的从业人员主要从事计算机软件的开发工作。

李教授的访问被安排在下午6点半，等他进去的时候，发现整个大楼灯火通明，透过每一间办公室的玻璃隔墙，他惊讶地发现，员工们都在聚精会神地工作，似乎没有谁准备"提前"下班。

李教授很惊诧："你们这里的上下班时间是不是同其他单位不一样？"

接待他的副总说："不！完全一样，其实早该下班了。也不是因为你们来就故意表现出这样子的，他们已经习惯于把一天的目标彻底完成再离开办公室，而各自制订的目标都是满负荷的。因此，你很难看到他们在晚上9点钟以前离开办公室。"

"那么，是不是早上要来得迟一些呢？"

"不会的，来晚了会没有停车位，反而更麻烦。"那么，是一种什么样的精神支撑他们如此奋发呢？通过与那里的员工简单访谈，李教授了解到：这里的员工大多存在一种"领导"心态，即每一个人都试图把自己设计的程序更加合理化，试图使自己设计的程序更加有效率，为企业赚取更多，从而也为自己谋求更大的发展。

真正优秀的员工就是这样，无论领导在不在，他都会一如既往地努力工作。因为他知道，工作并不是做给领导看的，对企业负责就是对自己负责。

员工应以公司主人翁的心态对待工作，因为工作就是在为自己打工，对公司负责就是对自己负责！只要你把公司当作是自己实现抱负的平台，你就已经是公司的领导了。当你和公司融为一体的时候，你的每一分努力都不会白费，都会帮助你更加稳健地走向卓越与成功。

构建企业的责任链,把"责怪链"变成"责任链"

在企业中,岗位与岗位之间、员工与员工之间,是责任与责任的关系,他们之间犹如一台高速运转的机器中相互咬合的齿轮,每一个齿轮的责任,都直接面向了与自己咬合的上下左右的齿轮,如果某一个责任环节缺失了责任,责任链就会断裂,从而产生无法预测的危机。

为了避免责任链断裂,企业需要构建坚实的责任链,使每一位员工都坚守自己的责任,落实好自己的责任。

有这样一个笑话,讲的就是在工作中相互推诿,都不承担责任的情况。在一家企业的年度总结会上,老总让公司的几个负责人讲一讲公司最近销售方面发生的问题。营销部经理首先站起来说:"最近销售做得不好,我们部门有一定责任,但主要原因是竞争对手纷纷推出新产品,比我们的产品好。"

研发部门经理说:"最近,我们推出的新产品确实太少,但是,我们也有困难呀,就连少得可怜的预算,也被财务削减了一大半。"

财务经理说:"我是削减了你的预算,要知道公司的采购成本在上升,我们没有多少钱了。"

采购经理忍不住跳了起来:"不错,我们的采购成本上升了10%,可是你们知道为什么吗?俄罗斯一个生产铬的矿山爆炸了,导致不锈钢价格上升。"

大家说:"原来如此。这样说,我们都没有多少责任,哈哈……"

大家得出的结论是:应该由俄罗斯承担责任。

公司的老总面对这种情景,无奈地苦笑道:"这样说来,那我只好去考核俄罗斯的矿山了?"故事中的部门经理们不但不承担共同的组织责任,就连各自应该承担的责任都在尽力推脱,一旦所有的部门都形成了这种风气,就会造成企业组织中责任链的断裂。

这虽然是一个笑话,但是清楚地说明了假如在一个公司内部,找替罪羊成了一种习惯,大家都互相埋怨,互相推卸责任,就不会再感到道德的压力与约束了。于是,推卸责任变得理所当然。老总责怪副总,副总责怪部门经理,部门经理责怪员工,员工责怪客户,甲部门责怪乙部门……久而久之,就形成一条奇怪的责怪链。

其实现实中不乏这样的真实案例。罗飞是一家建筑公司的营销部经理。因为他口才好,又懂得周旋,所以上司安排他去处理公司在外地的一桩工程收尾过程中与当地居民发生的纠纷,希望他与外地公司的几位负责人共同协调,把这件事处理妥当。

但罗飞觉得,这些事务不属于他的职责范围,因此工作起来不积极。在处理具体事务时,又自恃是总裁派来的人,总是一意孤行,不与分部负责人积极配合,结果没把事情办好。加上他不了解当地的民俗民情,还与当地居民发生了尖锐的冲突。当总裁责怪他时,他却把责任全部推到分部负责人的头上。总裁对事情进行了一番详细的调查后,终于了解了事情的全部经过,不但给了罗飞罚薪处分，还对罗飞的人品和能力产生了极大的怀疑。

事隔不久，罗飞又因公司业务与分部几位负责人进行了工作方面的交接，大家都记恨他当初嫁祸于人的做法，借机报复他，导致罗飞业务上的失败。无奈之下，罗飞不得不辞职，离开了这家极有发展前途的公司。责任链的缺失不仅给公司造成负面影响，也为自己埋下了隐患。一个由责怪链构成的组织，以及在这个组织中工作的员工，他们的未来恐怕不会乐观。

其实，在工作中出现了问题，找替罪羊并不是长久之计，它不仅对问题本身无益，还会影响团结，形成不必要的内耗，甚至造成人人自危的气氛，在人与人之间筑起高墙。自然，这也极大程度地摧毁了员工个人的创造力。

有人曾说，一个优秀的员工应该永远为两件事负责，一件是目前所从事的工作，另一件是以前所从事的工作。如果真正做到了这两点，那么他一定是个有出息的员工，因为他能够以负责的精神为企业责任链的健康运行出力，同时也在为自己的将来铺路。一旦责任链形成了，就能使每个员工都尽自己的力量推动每一项计划，从而把每个人的潜能都最大限度地发挥出来。

为什么很多企业有高利润，却不能持久呢？是什么导致了企业的崩溃？

有人说是利润，还有人说是权力，其实利润和权力都具有随意性和不可持续性，它们不可能成为企业的长久驱动力。企业中环环相扣的责任链才是企业发展的动力。

为了避免责任感的缺失或责任链像多米诺骨牌一样倒塌下去，每一个员工都应该认识到责任链的重要性，"勿以善小而不为，勿以恶小而为之"，无论如何都要坚守自己的责任，落实自己的责任。在工作中，要做到人人都负责，每一个责任都落实，不让任何一根责任的链条断裂，从而为企业大船顺利运行保驾护航，使自己的事业之舟顺利前行。

下面这个案例中的管理者就深知构建责任链的重要性。有一家企业，有段时间频频出现产品不合格的问题，管理者不胜其烦，聚集在一起探讨解决方法。最后，他们想出了一种前所未有的方法来解决产品的质量问题。

这个方法就是推行上下工序的索赔制度，简单来说，就是当一道工序出现问题的时候，处于这一工序的员工有权力向上一道工序的员工追究责任，直到找到问题为止。所以，每一道工序的员工都有责任去监督上道工序的质量问题。为保证这一制度的顺利进行，企业还专门成立了以工人为主体的索赔仲裁委员会，专门处理员工的责任纠纷问题，处理到最后，70%的纠纷都由员工自己处理。从这个案例中我们可以看到，每一个责任或者岗位，都不是孤立存在的，都是与上下左右的责任相关联的。对上一道工序来说，它承担着考核与监督的责任，对于下一道工序来说，它又是责任的承担者，如果它不能很好地落实自己的责任，下一道工序就要受自己的影响，从而完不成自己的责任任务。所以下一道工序就会向它索赔。责任就是在这样的环环相扣中，实现了责任链的构建。

其实，在企业中，一切关系都是责任的关系，每一个看似独立的责任，都与上下、左右的关联者构成责任链。比如，横向的岗位与岗位之间是责任关系，纵向的上级与下级之间也是责任关系，它们之间都形成了环环相扣、相互依存、互为责任的责任链。

那么，如何构建企业中的责任链呢？下面这则宣言或许能给你带来一些启示：

①我们以企业组织必须承担的责任使命，确认并设计企业组织的责任结构、部门岗位；

②我们为每一个岗位确立其明确、清晰和有限的岗位责任；

③我们以个人的责任能力为标准，来确认责任岗位的责任承担人；

④我们以完整有序、纵横交错的企业组织责任链，推动企业组织责任使命的实现和发展进步；

⑤我们以有效的责任权重的激励和处罚，来迫使每一个员工承担其应承担的责任；

⑥我们以培育企业良好的责任价值观，来创造以承担责任为荣的良好企业文化精神氛围。

建立责任群，通过自我管理落实责任

有一个基督教徒在临终前遇到接他去天堂的天使，天使说："由于你一生行善，成就很大的功德，在你临终前我可以答应你完成一个你最想完成的愿望。"

这个人说:"神圣的天使,谢谢你这么仁慈。我一生当中最大的遗憾就是:我信奉主一生,却从来没见过天堂与地狱究竟是什么样子。在我死之前,你可不可以带我到这两个地方参观参观?"

天使说:"没问题,因为你即将上天堂,因此我先带你到地狱去吧。"这个人跟随天使来到了地狱,在他们面前出现一张很大的餐桌,桌上摆满了丰盛佳肴。

"地狱的生活看起来还不错嘛!没有想象中的悲惨呀?"这个人很疑惑地问天使。

"不用急,你再继续看下去。"天使说。

过了一会儿,用餐的时间到了,只见一群骨瘦如柴的饿鬼鱼贯入座。每个人手上拿着一双长十几尺的筷子。每个人用尽了各种方法,尝试用他们手中的筷子去夹菜吃,可是由于筷子实在是太长了,最后每个人都吃不到东西。

"实在是太悲惨了,怎么可以这样对待这些人呢?给他们食物的诱惑,却又不给他们吃。"

"你真觉得很悲惨吗?我再带你到天堂看看。"到了天堂,同样的情景,同样的满桌佳肴,每个人同样用一双长十几尺的长筷子。不同的是,围着餐桌吃饭的是一群洋溢着欢笑,长得白白胖胖的可爱的人。他们同样用筷子夹菜,不同的是,他们喂对面的人吃菜,而对方也喂他们吃,因此每个人都吃得很愉快。天堂与地狱的区别就是,天堂里的人懂得进行自我管理、互相帮助,他们相互之间构建了一种责任群，每一个人都负有"喂别人吃饭"的责任，同时也享有"别人喂自己吃饭"的权利。这就是一个责任群，所有的人都不是独善其身，各顾各地行动，每个人都将所有人能吃到饭作为自己的责任，否则就把自己打入"吃不到饭"的地狱。

企业也一样，只有建立了和谐的责任群，才能让落实工作顺利有效地进行下去。把责任分配给每一个人，能使整个团队实现自我管理。优秀的领导总是知道如何分配责任才能让团队中的每个人都知道并且敢于承担责任，才能让他们在落实责任的同时享受到落实责任给自己带来的成就感。

西安杨森制药有限公司（以下简称杨森）在责任文化中提出打造"雁文化"。雁群是一支完美的团队，是由许多有着共同目标的大雁组成；雁群内部有明确的分工，有负责觅食的和照顾老幼的青壮派大雁，有负责安排休息和调整体力的领头雁，有负责安全的放哨雁。放哨雁在别人都进食的时候自己不吃不喝，领头雁则带头搏击……研究表明，大雁组队飞要比单独飞提高22%的速度，这也说明个人的力量是有限的，团队的力量才是无限的。在飞行过程中，如果有小雁掉队了，大雁会留下来照顾它并带领它跟上队伍。

在杨森，任何一个销售区域、办事处、培训部或某一产品小组，都是一个团队。公司在工作、活动、绩效考核和奖励方面，都注意以团队为单位，目的是使工作人员学会在团队内求得个人的最佳发展。总裁庄祥兴认为："雁文化"的实质就是团队的合作精神。雁阵当中的每只雁展翅高飞时都获得了来自同伴的"向上之风"。只有团队内成员齐心协力，互相帮助，才能实现团队的目标。

杨森员工们学习大雁的精神，进行自我管理、互相帮助，他们相互之间构建了一种责任群。责任群中的每一个成员都负有帮助别人的责任，同时也享有成员帮助自己的权利。只有建立了和谐的责任群，才能让落实工作顺利有效地进行下去。共同的责任感就是成员之间强烈的合作意识，而建立这种合作意识就要通过建立责任群来实现。

依靠责任群引导整个团队自我管理的制度，可以在一定程度上解决企业内部责任脱节、推诿扯皮的现象，也可以解决责任缺失、责任空白之类难以解决的责任问题，使每个员工自觉自愿落实责任，使团队力量整体得到优化，从而获得更大的爆发力和战斗力。

在建立责任群的过程中，自我管理能力在落实责任方面起着巨大的积极作用，"如果一个人没有自律能力，那他在工作上的敬业程度就会大打折扣。"一家大企业的人力资源部经理举了这样一个例子："我们的上班时间是8：30，有人8：20就到了，有人8：30到，也有人8：40才到。在平时看不出这三类人有什么本质上的区别。但是在关键时刻，或许正是因为这迟到10分钟的习惯，误了大事。"

那么在责任群中如何提高自己的自我管理能力呢？我们可以遵循以下几个步骤：

①正确思考。

如果不开动脑筋，就不可能把事情做好。剧作家乔治·萧伯纳说："在一年之中有两到三次用心去认真思考问题的人不多。我之所以在世界上有点名声，就是因为我每周都认真思考一到两次。"如果你始终让大脑保持活跃，经常考虑富有挑战性的问题，不断思索需要认真对待的事情，你就能培养起有规律的思维习惯，这对于控制你的个人行为将会很有帮助。

②合理控制情绪。

著名的作家奥格·曼狄诺说过："强者与弱者的唯一区别在于强者用行为控制情绪，而弱者只会任由情绪主宰自己的行为。"衡量一个人自制力强弱的关键，就在于他是否能够有效地控制自己的情绪。

③行为规律化。

富兰克林在《我的自传》一书中，将自制称为自己获取成功的13种美德之一，认为自己之所以能够取得如此骄人的成就主要获益于"做事有定时，置物有定位"的良好习惯。我们应当像富兰克林那样，学会控制自己的行为。

④强化工作习惯。

自制力意味着在合适的时间，为了适当的理由去做需要做的事情。总结一下自己的首要任务和行动，看看方向是否正确，每天做些必须做但又让自己不那么愉快的事，以培养自制力。

⑤挑战自我。

为坚定信念和决心，选择一项超出自己想象的任务，全身心投入其中并完成它。为此，要求思维敏锐，行动规律化。坚持下去，会发现自己能做到的远远超出自己原先预期的。

第 8 章
与企业心连心，责任铸就战无不胜的黄金团队

兄弟齐心，其利断金：与同事共创双赢之道

一个人是一条虫，一个善于合作的团队则是一条龙。一个分工明确、目标明确的团队的整体战斗力是十分强大的。一个团队是否团结，决定了企业的兴衰成败。协作不仅可提高个人的生产力，并且创造一种生产力，产生1+1>2的神奇效果。

作为一个工作中的个体，只有把个人融入整个团队之中，凭借整体力量，才能战胜强劲的对手，赢得整个团队的胜利。其实企业中的每一个员工都应该把合作作为自己的责任来执行。

团队合作是一个企业最宝贵的品质，团队精神在一个公司、一个人的事业发展中都是最为重要的。微软公司在开发Windows 2000系统时，动员了超过3000名研发工程师和测试人员，写出了5000多万行代码。如果没有高度统一的团队精神，没有全部参与者的默契与分工合作，这项工程是根本不可能完成的。

市场是冷酷无情的，每个企业组织都会面临众多竞争对手的"袭击"，而在这时，企业组织中同事之间的紧密合作，共同抵御"外敌"常常能发挥出惊人的作用。

一棵树，无论它怎样伟岸、粗壮和挺拔，也成不了一片森林，任何人要想有所作为，就必须把自己融入团队中，与大家齐心协力，就像许多树在一起才能成林。在职场这个没有硝烟的战场上，只有互相协作，才能一步一步走向期待已久

的成功。成功者都明白一个最简单的道理：协作则两利，分裂则两败。

英特尔的一个分企业要进行人事调动，主管杰克对年轻的约翰说："你把手头的工作安排一下，到销售部去报到，我觉得那里更适合你，你有什么意见吗？"

约翰嘴巴动了动，心想："我有意见有什么用，你是主管，还不是你说了算？"不过他并没有将这样的话说出来，而是默默地走开了。

当时英特尔的销售情况很一般，销售部的工作也不太好做，约翰背地里想："这一次把我调到最糟的销售部，一定是杰克在搞鬼，见我这边工作出色嫉妒我，怕我抢他的位置。哼，我们以后走着瞧！"

到了销售部后，约翰整天板着脸，对所有新同事都爱理不理，工作也不热心，别人问他工作的事，他也只是随便应付，一点儿热情也没有。慢慢地，同事们逐渐疏远了他。

有一次，一个重要的客户打来电话，让约翰转告杰克第二天到客户那里参加一个洽谈会，因为关系到一大笔业务，所以要求杰克第二天必须按时赶到。约翰听后，认为这是一个绝好的报复机会，于是装作不知道这件事，没告诉杰克。

第二天，杰克将约翰叫到自己的办公室，非常严肃地告诉他："约翰，客户那么重要的事情你为什么不告诉我？如果不是客户今天早晨又打电话催我，我们差点失去了一笔上千万元的生意。我本来以为你平时工作表现好，只是为人欠历练，所以把你调到销售部，考察磨炼你一下，看你是否能在以后担当重任。可你不但不和我多沟通，反而还故意报复，我们整个部门的前途差点毁在你的手上。对于你的这种表现，我非常失望。我不得不告诉你，你被解雇了。"

鉴于此次的教训，英特尔分企业专门召开了一次会议，要求员工"张开嘴巴，拒绝不愿沟通的人"，强调并鼓励所有员工之间多进行沟通。因为沟通既有利于团队之间的团结与合作，又能够增加彼此之间的信任，最主要的，沟通可以避免再出现类似约翰这样的事件。任何组织都是一个团结合作的集体，在这个集体中，每个员工之间必须能够做到密切配合，这样才更有利于企业的发展和员工个人的进步。英特尔需要这样的人，其他组织也需要这样的人。

是否善于相互协作，往往决定着事情的成败。我们说"树立大局观"，其实质就在于强调一种互助协作的精神。英特尔前总裁兼首席执行官安迪·格鲁夫说："一个企业、一个政府以及人类社会的大多数组织活动，不但是由单个的人参与的，更是由一定的团体集体行动完成的。"松下幸之助说："松下不能缺少的精神就是协作，协作使松下成为一个有战斗力的团队。"由此可看，这些企业家都不约而同地看重团队合作的重要性。

你和同事都是企业的员工，只有和企业的其他人员配合好，企业才会有更大的发展，你才能有更大的发展空间。"兄弟齐心，其利断金"，这句俗语应该给我们每个人以启示：与同事精诚合作，才能为自己、为他人、为企业开创多赢的局面。

第 9 章

负责让人日进斗金：

一分责任，十分市场

责任大于天，只有提供优质服务，才能赢得市场

任何一个优秀的员工必定是一个心怀强烈责任感的员工。因为责任，他们视野广阔，在工作中会认真考虑自己现有的技能水平、专业，乃至自己领导的部门与整个组织或组织目标应该是什么关系，进一步，他们还会从客户或消费者的角度出发考虑问题。

对于员工而言，尊重客户、提供优质服务，根植内心的这种服务观是一种没有尽头的追求，今天是这样，未来也不例外。企业员工应该把服务当作自己的天职，把服务视为一种修行，一种表达感谢的行动。坚守工作中的责任，只有提供优质服务才能为自己赢得市场。

乔治在纽约郊外著名的卡瑞月湖度假村工作。一个周末，乔治正忙碌不堪

时，服务生端着一个盘子走进厨房对他说："有位客人点了这道油炸马铃薯，他抱怨切得太厚。"

乔治看了一下盘子，跟以往的油炸马铃薯并没有什么不同，但做客人满意的食品是自己的责任，于是按客人的要求将马铃薯切薄些，重做了一份请服务生送去。

几分钟后，服务生端着盘子气呼呼地走回厨房，对乔治说："我想那位挑剔的客人一定是生意上遭遇了困难，然后借着马铃薯将气发泄在我身上，他对我发了顿牢骚，还是嫌切得太厚。"

乔治在忙碌的厨房中也很生气，从没见过这样的客人！但他还是忍住脾气，静下心来，耐性子将马铃薯切成更薄的片状，之后放入油锅中炸成诱人的金黄色，捞起放入盘子后，又在上面洒了些盐，然后第三次请服务生送过去。

没过多久，服务生仍是端着盘子走进厨房，但这回盘子里空无一物。服务生对乔治说："客人满意极了。餐厅的其他客人也都赞不绝口。他们要再来几份。"

这道薄薄的油炸马铃薯从此成了乔治的招牌菜，慢慢传开后变成了洋芋片，并发展成各种口味，今天已经是地球上不分地域人种都喜爱的休闲零食。乔治的成功，关键在于他面对批评的时候，不是满腹牢骚、抱怨别人，而是能忍住怨气做好自己的工作，以优质的服务为自己赢得了更大的市场。一次改进，不仅满足了顾客，同时也成就了乔治的事业。

一名好员工，所具备的素质就是时刻坚守工作的责任，当有人对他的工作不满意时，不是去抱怨别人，而是积极努力地完善自己的工作。作为员工，必须搞好与顾客的关系，自觉地为顾客服务，因此，要树立正确的经营、工作思想，具备良好的服务意识，了解顾客的需要，研究顾客的心理，认真听取顾客的意见，争取顾客的理解和支持。你为顾客服务并不是在帮顾客的忙，而恰恰是在帮自己，顾客如果给予这个服务机会，那不但是你个人的成功，而且也是企业的成功。

一家企业的副总凯普曾入住过希尔顿饭店。那天早上刚一打开门，走廊尽头站着的服务员就走过来向他问好。让凯普先生奇怪的并不是服务员的礼貌举动，而是服务员竟喊出了他的名字，因为在凯普先生多年的出差生涯中，在其他饭店住宿时从没有服务员能叫出客人的名字。

原来，希尔顿要求楼层服务员要时刻记住自己所服务的每个房间客人的名字，以便提供更细致周到的服务。当凯普坐电梯到一楼的时候，一楼的服务员同样也能够叫出他的名字，这让凯普先生很纳闷，服务员解释说："因为上面有电话过来，说您下来了。"

吃早餐的时候，饭店服务员送来了一份点心。凯普就问这道菜中间红的是什么，服务员看了一眼，然后后退一步做了回答。凯普又问旁边那个黑黑的是什么，服务员上前看了一眼，随即又后退一步做了回答。她为什么后退一步？原来，她是为了避免自己的唾沫落到客人的早点上。希尔顿的服务堪称一流，一流来自于方方面面，不仅包括舒适的环境，还包括了服务方面的各个细节。因为这些，希尔顿才成为酒店服务行业的标杆。

第 9 章
负责让人日进斗金：
一分责任，十分市场

任何一个优秀的企业，都是用优质服务赢得的市场，企业内所有成员必定都将为顾客提供优质服务作为自己的分内责任。因此，对于员工而言，必须树立"客户是我们的衣食父母"的观念。客户需要我们，我们更需要客户，客户是我们存在的理由，是我们最大的无形资产。如果我们失去了服务的对象，没有客户消费，就意味着企业生命的停止。公司的用户越多，人气越旺，越显出企业的生机和活力。企业的生存和发展，领导的成就和业绩，员工的尊严和体面，全依赖于客户对企业的信赖和支持。

提供优质服务，要求企业必须树立"永远让客户满意"的观念。要把自己始终置于客户的严厉挑剔和审察之下，虚心接受来自各方面的意见和建议，从善如流，不断改进服务，使之达到尽善尽美。一旦对客户服务不到位，公司需要用十倍甚至更多的努力去补救，挽回不良影响往往比争取良好印象更迫切。做一次令用户满意的服务并不难，难的是长期为用户提供不厌其烦、不畏其难的优质服务，始终坚持让客户满意，从而留住老客户，争取新客户。

因此，只有提供优质服务才能赢得市场，而这就要求员工必须树立起为客户服务的责任意识！

承担100%的责任，提供200%的服务

大家都知道这样一道智力题：树上有10只鸟，一个猎人开枪打掉了1只，还剩下几只？当然一只也不会剩下。把这个故事引用到企业中，不也是如此吗？一

个员工的不负责任，会让顾客对这家企业员工的服务产生怀疑。这就意味着，一个员工的不负责任会影响到企业的一批员工，进而影响到企业的顾客群。这就是"10-1=0"的原则。

试想，一个在责任感方面很欠缺的员工又怎么能给顾客提供优质服务，又怎么能树立良好的企业形象呢？企业里一个人缺乏责任感，那么他所影响的不只是他自己，而是整个企业，这就是很多企业要把责任融入员工的日常生活中的原因。

如果一个员工没有意识到责任对于他乃至整个企业的重要性，那么他就丧失了在这个企业工作的资格，因为员工的不负责任将会使企业蒙受损失。米诺是一个普通的家具业务员，刚进这个企业没有多长时间。一天早上，有一个顾客想买一种可以折叠、能调节高度的桌子。于是，米诺搬来了桌子，如实地对顾客说："这桌子用的木料并非上乘，贴面胶合一般。其实，这种桌子并不怎么好。但是，如果你购买后，在一周内发现质量问题，我可以负责给你更换。"

"可以换，那挺好的。我看到很多人在用这种桌子，挺实用的。"那位顾客说。

"你已经知道这桌子的优点，我如实地告诉你有关它的缺点，这样才是真正对你负责。如何选择就是你自己的想法了。"米诺这样说道。

顾客想了想，决定到其他的店里去逛逛。过了一会儿，这位顾客又来到米诺的面前，对他说："别的店里只对这桌子的好处夸夸其谈，当问及是否有缺点，几乎都一口否认。我还是认为你们家的产品比较有保证。"于是，这位顾客选了

第 9 章
负责让人日进斗金：
一分责任，十分市场

一张桌子走了。

快到一个星期的时候，这位顾客又将桌子搬回来了，原来他是嫌桌子有一些小毛病，要求米诺帮他换一张。米诺没有抱怨，立即给他换了一张桌子。因为米诺周到的服务，使得这位顾客成了这家家具店的常客，并且几乎他所有的亲朋好友都在这家店购买家具。

员工必须要为自己的产品和服务负责，承担100%的责任，提供200%的服务，只有这样，才能有效延伸、丰富公司的形象，使客户能够迅速了解公司的基本特质，并将其从同行业内的众多公司中独立出来。

有责任感的员工，会有良好的职业意识，意识到自己是组织中的一员，要服从组织的共同目标。在公司内部，对你的上级负责，对你的项目负责；在客户面前，你的一言一行都代表着公司形象，作为公司的一个成员，你必须要将自己的责任落实到与客户接触的具体行动中去。首问责任制就是将责任与服务完美挂钩的经典。

一天，某公司接待处小阮接到一个电话，说有一位外地的客户需要接待一下。小阮忙询问对方的有关资料，但是根据对方告知的相关资料，她并未查到今天有这样一位客户来公司，小阮便告知对方核实一下。

过了10分钟，客户说的确是小阮所在的公司发出的邀请函。于是，小阮又仔细查看了一下电脑上的客户记录，确认没有这件事。因此，小阮询问对方是谁发出的邀请函，客户想了又想，回答道："好像是营销部发的。"小阮听后又进行查找，确实是有这件事，但是与客户名字并不相符。

小阮把情况告知客户，又打电话给营销部，与对方重新核对了名字。原来是营销部的人当初写错了，客户方面没错。核实清楚后，小阮马上联系工作人员去接客人。她同时告知客户，接站人会做一个接客牌，并将客人名字写到上面。客户清楚了。

挂机后，小阮又联系车队，告之其车次及抵达时间，并交代了接站事宜。然后，小阮通知服务中心打印一张接站牌，放至总台，转交给车队司机，并一再叮嘱，由于车队司机与客人的语言障碍，有关费用问题，一定要等到客人到店由接待员负责向客人解释收取。

一切安排妥当后，小阮方才下班，这时已经是晚上8点。临走时，小阮将联系电话交给中班接班人，把一切都交代得很清楚。服务员小阮把首问责任制诠释得相当完美，主要表现在以下几点：

首先，当客人有问题找到她的时候，尽管她不是承办人，但这是公司的事，于是她主动承担责任，主动帮助客户解决问题；

其次，当客人找到她的时候，她没说她不知道，而是尽全力帮助客人解决问题；

最后，她主动与其他部门做好联系工作，做好了责任对接工作。

作为公司的员工，不管是不是在自身的工作范围内，和自身有没有直接关系，都要把客户当作自己服务的对象，不要找理由推托客户要求你做的事，或是对客户的一些其他要求不理会，而是要积极主动地通过相关的部门或是自己的努力尽量满足客户的要求，最大限度地让客户满意。

所以，当你把自己当作公司的"窗口"时，你就有可能把本来没有的机会变成自己的机会，把不是自己的产品变成自己的产品。只要客户一开口，你就要解决一切问题，这是非常重要的。这是一种责任至高无上的精神。每一个员工，无论自己职务和权限大小，面临责任时都应当把自己当作公司的一个"窗口"，毫不犹豫地承担。

顾客就是上帝，任何产品和服务只有得到顾客的认可才有可能在市场上站稳脚跟。在企业都在高喊各种动听服务口号时，在企业都在挖空心思提高服务项目标准时，谁能够将责任落实到位，做得更好，谁就能赢得最后的胜利。任何一个员工都应该承担100%的责任，为客户提供200%的服务，把令人满意的服务提供给消费者。在"责任—服务—回报"的往复循环中，为自己、为公司赢得更宽广的发展空间！

自身责任的小疏忽，顾客心中的大问题

责任无小事。每个人所做的工作都是由一件件的小事构成的，因此不能由于事小而敷衍应付，轻视责任。可能你在工作中的一个小疏忽，到了客户那里就变成大问题和大麻烦。

工作中那些不起眼的疏忽和失误往往会影响到产品的质量。产品是企业的名

片，质量则是企业的生命线。小疏忽演变成的大问题，轻则令企业形象受损，重则会给企业带来灭顶之灾。现在企业经营已经进入微利时代，大量财力、人力的投入，往往只为了赢取几个百分点的利润，而某一个服务细节的忽略却足以让有限的利润化为乌有。

客户无小事，客户的事情再小，也与客户对公司百分之百满意这种完美结局紧紧联系在一起。每个客户都希望自己的任何一件小事能被重视，企业任何小的疏忽都会造成客户的不满，甚至可能产生十分严重的后果。因此，客户的每件小事都是大事，成功的企业有一种注重细节的企业文化，其员工都能够认真负责地做好工作中的每一件事。有一天，某汽车公司客户服务部收到一封信。

"这是我为同一件事第二次写信，我不会怪你们没有回信给我，因为我也觉得这样做别人会认为我疯了，但这的确是一个事实。我家有个习惯，就是每天晚餐后，都会以冰激凌来当饭后甜点。由于冰激凌的口味很多，所以我们家每天饭后才投票决定要吃哪一种口味，决定后由我开车去买。但自从我买了贵公司的庞帝杜克后，问题就发生了，每当我买香草口味时，我从店里出来车子就发动不起来，但如果买其他口味，发动就很顺。我对这件事是非常认真的，尽管听起来很荒唐。为什么当我买了香草味冰激凌它就罢工，而不管我什么时候买其他口味，都毫无问题，为什么？"

事实上，客服部的总经理对这封信还真的心存怀疑，但他还是派了一位工程师去查看究竟。当工程师找到这位顾客时，很惊讶地发现这封信是出自一位事业成功、乐观且受过高等教育的人。工程师与这位客户的见面时间刚好是在用完晚餐的时间，于是两人一起上车，往冰激凌店开去。

那个晚上的投票结果是香草口味，当买好香草冰激凌回到车上后，车子又出问题了。这位工程师之后又依约来了三个晚上。

第一晚，巧克力冰激凌，车子没事。

第二晚，草莓冰激凌，车子也没事。

第三晚，香草冰激凌，车子出问题了。

这位思考有逻辑的工程师，到这时还是不相信这位顾客的车子对香草味冰激凌过敏。因此，他仍然不放弃继续安排相同的行程，希望能够将这个问题解决。工程师开始记下从头到现在所发生的种种详细资料，如时间、车子使用油的种类、车子开出及开回的时间……

根据资料显示，他有了一个结论，这位顾客买香草冰激凌所花的时间比其他口味的要少。因为香草冰激凌是所有口味中最畅销的，店家为了让顾客每次都能很快地拿取，将香草口味的冰激凌特别放置在店的前端，至于其他口味的则放置在后端。

现在，工程师的疑问是：为什么这部车会因为从熄火到重新激活的时间较短而出毛病？原因很清楚，绝对不是因为香草冰激凌的关系，工程师很快想到，问题应该在蒸汽锁上。

因为当这位顾客买其他口味的冰激凌时，由于时间较久，引擎有足够的时间散热，重新发动时就没有太大的问题。但是买香草口味的冰激凌时，由于花的时间较短，引擎太热，以至于还无法让蒸汽锁充分散热。

问题就这样解决了。客户无小事。帮助客户解决问题，为客户提供满意的服务，是每一位员工应尽的责任。在这里，该公司这位认真负责的工程师为我们树立了一个很好的榜样。

睿智的所罗门国王说过："万事皆因小事起。"只有用做大事的态度和心态去认真负责地做好工作中的每一件小事，尽可能避免小疏忽，仔细把每一项责任落实到位，才能赢得顾客的信任，取得更大的成绩。

对产品负责，就是对顾客负责

一位管理专家一针见血地指出："从手中溜走1%的不合格，到用户手中就是100%的不合格。"工作中一个小小的疏忽和失误，就会造成产品和服务上的缺陷，而每一个缺陷都会影响企业在顾客心目中的形象和地位，给企业带来难以估量的损失。

如果你认同"做事情总会出差错"的观点，那么问题一定会出现。质量管理大师克劳斯说："如果你将良品率预设为85％，那便是表示容许15％的错误存在。"这样，你肯定不能保证产品的质量。

如今的消费者是拿着"显微镜"来审视企业和它所提供的每一件产品的。在残酷的市场竞争中，能够获得较宽松生存空间的企业，不是合格的企业，也不是优秀的企业，而是非常优秀的企业。自己要求自己的标准，必须远远高于市场对你的要求标准，这样你才可能被市场认可。

第二次世界大战后，由于戴明的宣扬，日本兴起质量管理运动，提出"零缺陷"的概念。传统的观念认为，质量管理的目的是把错误减至最少，这本身就是一个错误。应该努力的目标是第一次就把事情完全做好，达到完美无缺。公司中每个人的岗位都是至关重要的，任何一个地方出了疏漏，都可能导致整个企业"沉船"，因此我们应当努力对自己的工作认真负责，不放过每一个可能在工作中出现的错误。第二次世界大战中期，美国空军和降落伞制造商之间发生了分歧，因为降落伞的安全性能不够。

事实上，通过努力，降落伞的合格率已经提高到99.9%，但军方要求达到100%，因为如果只达到99.9%，就意味着每1000个跳伞士兵中，会有一个士兵因为降落伞的质量问题而送命。

但是，降落伞商却不以为然，他们认为99.9%已经够好了，世界上没有绝对的完美，根本不可能达到100%的合格率。

军方在交涉不成功时，改变了质量检查办法。他们从厂商前一周交货的降落伞中随机挑出一个，让厂方负责人装备上身后，亲自从飞机上往下跳。

这时，厂商才意识到100%合格率的重要性，奇迹很快就出现了：降落伞的合格率一下子达到100%。任何一件事情，无论它有多么艰难，只要你认真去做，全力以赴去做，就一定能够做到。一个人能够成功，一定是因为他是一个认真负责的人。假如一个人还没有成功，那他一定还不够认真。

责任可以保证完美无缺的结果，可以制造零缺陷的产品。在竞争日趋激烈的市场大潮中，产品质量关系着企业的存亡和兴衰。2006年4月，国家太阳能热水器质量监督检验中心对全国近70个太阳能热水器生产厂家进行了突击抽查。其中，荣事达太阳能公司收到国家太阳能热水器质量监督检验中心抽查结果的通知书，顺利通过全部项目的检验，显示出荣事达产品的"零缺陷"本色。

"零缺陷生产"是荣事达借鉴国外企业"无缺点运动"经验并结合本企业实际加以独特再创造的成果。这一运动的内容主要包括以下几点：

①打破传统"人总要犯错误"的理念，改换成"只要主观尽最大努力就可以不犯错误"的理念；

②要求每个操作者同时也是质检者，规定上道工序不得向下道工序传送有缺陷的产品；

③讲求超前防患，事先列出可能产生缺点的各种原因和条件，提前采取改正措施，做到防患于未然；

④打破生产过程中各工序中各员工各自为战、各行其是的习惯状态，要求树立全局观念，主动配合，密切合作，从总体上保证实现无缺点结果。

荣事达吸取其中的精华，形成了自己的"零缺陷生产"模式，将"用户是上帝""下一道工序是用户""换位思考""100％合格"等质量意识转变为员工的自觉行动。与此相关的一系列有关制度也纷纷出台，从而成功建立了分散与集中、全员自控与专门控制、内在质量控制与系统信息反馈相结合的"零缺陷生产"质量管理体系。"零缺陷供应"是"零缺陷生产"的保证，通过严把质量关，确保提供"零缺陷"的零配件或可辅助件。

荣事达实行"零缺陷生产"后，效果良好。不久便显现出它的超强"功力"：1996年，荣事达集团顺利通过了国际通行的ISO9001质量体系认证；2006年，荣事达太阳能热水器顺利通过全部项目的检验。荣事达以"零缺陷"为企业文化，使责任的落实进入了新的境界。产品质量是企业的生命线，完美的质量是赢得客户的不二选择。事实上，对产品负责就是对顾客负责，就是对自己和企业负责。因此，无论在什么岗位上，都应当努力对自己的工作认真地负起责任，不放过每个可能在工作中出现的错误。

对顾客负责，用真诚赢得发展

在现代的各个企业当中，有一条公认的规则，即客户永远是对的，满足客户要求是企业的职责。对于客户提出的要求，只有满足了，客户才能付款，也才能完成交易，这是正常情况。企业可以选择客户，却无法强迫客户提出适合企业的要求。只有用真诚的服务才能为企业迎来业绩和赞誉。

在服务时，可能会遇到各种各样的客户，难免会遭到批评、指责、冷遇、刁难等不公正待遇，在这种情况下，一个有经验的员工，往往会抱着"尽心服务、让顾客满意"的观念去对待。时刻持有这个观念，工作一定会大有进展。袁杏云是广西高速公路管理局南宁管理处坛洛收费站的收费员，她创造了连续收费3000

万元无差错的最高纪录。她每天要说1000多句问候语，展露1000多次"八颗牙"的标准笑容。

很多人都知道有关她的一个故事。

一个炙热的午后，一辆汽车驶入车道，一脸蛮横的司机嚷着收费站多收了他的通行费。袁杏云等他发完了牢骚，解释清楚了问题，请他按标准缴纳通行费。司机故意从车上掏出三叠零钱。袁杏云微笑着请他稍等，同时安排后面的车走其他车道，始终面带微笑地耐心清点完570元全是零钱的通行费。

两分钟后，袁杏云依旧微笑着把收据递给司机："不好意思，耽搁了您的宝贵时间，请谅解，祝您一路顺风！"看着这张微笑的面孔，粗暴的司机愧疚地笑了。

正是凭着"你冷我热，你发火我耐心，你粗暴我礼貌，你误解我理解"的服务态度，袁杏云获得了"收费无差错上千万之星"的美誉。无论从事哪个行业，要想得到人们的赞誉，得到他人的认可，唯一的方法便是把服务对象的事情放在自己的心上，以他们的评价作为衡量自己价值的标准。

只有立足于自己的本职工作，提供完美服务才能为自己、为组织、为顾客开创多赢的局面。李素丽是北京市公交总公司公汽一公司的售票员。她自1981年参加工作以来，在平凡的岗位上，把"全心全意为人民服务"作为自己的座右铭，真诚热情地为乘客服务，被誉为"老人的拐杖""盲人的眼睛""外地人的向导""患者的护士""群众的贴心人"，1996年被全国妇联授予"全国'三八'红旗手"称号。

第 9 章
负责让人日进斗金：
一分责任，十分市场

售票员李素丽在平凡的岗位上，用自己日复一日的劳动给人们带来真诚的笑脸、热情的话语、周到的服务、细致的关怀。她"岗位作奉献，真情为他人"的精神风貌，给乘客们留下了难忘的印象。

"礼貌待客要热心，照顾乘客要细心，帮助乘客要诚心，热情服务要恒心。"这是李素丽为自己定的服务原则。

"多说一句，多看一眼，多帮一把，多走一步；话到、眼到、手到、腿到、情到、神到。"这是李素丽对自己的工作要求。

李素丽售票台旁的车窗玻璃，一年四季进出站时总是敞开的，"这样我可以更好地照顾乘客。"即使下大雨，她也要把车窗打开，伸出伞遮在登车前脱掉雨衣、收拢雨伞的乘客头上。

李素丽习惯在车厢里穿行售票。车里人多，一挤一身汗，可她说："辛苦我一个，方便众乘客。"

她的车上设有方便袋，遇到堵车，就拿出报纸、杂志，让乘客看一会儿，缓解焦急的情绪；看到有人晕车或不舒服想吐，她会赶紧送上一个塑料袋；遇有不小心碰伤的乘客，她的小药箱里有创可贴；姑娘们夏天穿着长裙上下车，她不忘提醒往上拎一拎，以免让人踩上摔跟头。

李素丽售票台的抽屉里，放着一个小棉垫，这是特意为抱孩子的乘客准备的，小棉垫垫在售票台上，可以让孩子坐在上面。

李素丽为她的岗位感到自豪。她说："每一条公共汽车的线路都有终点站，但为人民服务没有终点站。我永远属于我的乘客,属于我的岗位。"李素丽在自己平凡的岗位上赢得了广泛的赞誉。只有将顾客的利益摆在首位,对顾客负责,为顾客提供真诚的服务,才能为自己树立良好的口碑,进而为企业创造效益。

要想取得客户的信任,关键是要让客户感受到你为他服务的良好态度,是否处处为客户着想,是否站在客户的立场上看待问题,帮助客户解决问题。在营销学上有一句名言:能够把冰箱卖给因纽特人的推销员不是一个好的推销员。因为推销员这样做,只是考虑自己的利益,而不是站在客户的立场为客户着想。

站在客户的立场为客户着想,首先就要假设自己是客户。假设自己就是客户,你想购买怎样的产品或服务?自己真正需要的是什么?会如何要求售后服务?这样就能让自己站在客户的立场看待问题。

设身处地为客户着想就意味着能站在客户的角度思考问题,理解客户的观点,知道客户最需要的和最不想要的是什么。对客户尽心尽力,以负责和真诚的态度面对顾客,一定会得到丰厚的回报。

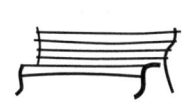

第 10 章

责任的试金石——七招修炼责任心

责任不容推卸：勇于承担分内的责任

对我们而言，无论做什么事情，都要记住自己的责任，无论在什么样的工作岗位上，都要落实好自己的责任。然而很多人都在互相推诿责任，并美其名曰："转让风险。"当你初涉职场的时候，会有些前辈非常老道地对你说："凡事不要揽责任，你才会在公司里不犯错误。"话是不错，这样可以避免引火烧身，但是会为公司和自己的发展带来非常不利的影响。

责任是不容推卸的，互相推诿、扯皮不仅严重影响我们的工作绩效，而且还会对企业的发展造成巨大的损失。某家中等规模的食品公司由于厂房地势较低，每年都要经历一两次的抗洪抢险。有一年夏天，总经理到外地出差。出差之前，他叮嘱几位主要负责人："时刻注意天气预报。"

第 10 章
责任的试金石——七招修炼责任心

有一天晚上，远在外地的总经理给几位负责人打电话，因为他看到天气预报说有雨，担心厂房被淹。当时，厂房所在地已经下雨了，可能由于天气原因，总经理一连打了几个电话，都打不通，最后打到了人力资源部经理的家里，让他立即到公司查看一下。

"嗯，我马上处理，请放心！"接完电话，人力资源部经理并没有到公司去，他心里想："这事是安全部的事情，不该我这个人力资源部经理去处理，何况我的家离公司还有好长一段路，去一趟也费事。"于是，他给安全部经理打了一个电话，提醒他去公司看一下。

安全部经理接到电话后十分不悦，认为人力资源部经理无权管理安全部内部的事情。于是，他也没有去公司，心想："反正有安全科长在，不用管它了。"

安全科长没有接到电话，但他知道下雨了，并且清楚下雨意味着什么，但他心里想："有好几个保安在厂里，用不着他操心。"当时，他正在陪朋友打麻将，为了避免"干扰"，他连手机都关机了。

只有几个保安留在厂里。但是，用于防洪抽水的几台抽水机没有柴油了，他们打电话给安全科长，科长的电话关机，他们也就没有再打，也没有采取其他措施，早早地睡觉去了。值班的保安睡在值班室里，睡得最沉，他以为雨不会下很大。

到凌晨两点左右，雨突然大起来，值班保安被雷声惊醒时，水已经漫到床边了！他立即给消防队打电话。

消防队虽然来得很及时，但由于通知太晚，三个车间全部被淹，数十吨成品、半成品和原辅材料泡在水中，直接经济损失达数百万元！

事后，追究责任时，每一个人都说自己没有责任。

人力资源部经理说："这不是我的责任，而且我是通知了安全部经理的。"

安全部经理说："这是安全科长的责任。"

安全科长说："保安不该睡觉。"

保安说："本来可以不发生这样的险情，但抽水机没有柴油了，是行政部的责任，他们没有及时买回柴油来。"

行政部经理说："这个月费用预算超支了，我没办法。应该追究财务部责任，他们把预算定得太死了。"

财务部经理说："控制开支是我们的职责，我们何罪之有？"这样的事例确实令人痛心、发人深省。如果公司每个人都能够主动地承担责任，不把责任推给别人，公司就不会有这么大的损失。

其实在工作中我们会发现这样的事例不胜枚举，当发生问题时，每个人都在推卸自身的责任。企业是每个人的，责任不分你我，在责任面前，每个人都有义务承担，这样企业才能实现长久发展。

勇于承担自己的责任，出现问题不把责任推给别人，这样才能够加强组织团结，保证工作顺利进行。同时，它也是成就一个人事业的可贵品质。罗杰斯是一位20多岁的美国小伙儿，几年前他在一家裁缝店学成出师之后来到加州的一个城

第 10 章
责任的试金石——
七招修炼责任心

市,开了一家自己的裁缝店。由于他做活认真,并且价格便宜,很快就声名远播,许多人慕名而来找他做衣服。有一天,风姿绰约的贝勒太太让罗杰斯为她做一套晚礼服,等罗杰斯做完的时候,发现袖子比贝勒太太要求的尺寸长了半寸。但贝勒太太就要来取这套晚礼服了,罗杰斯已经来不及修改衣服了。

贝勒太太来到罗杰斯的店中,她穿上了晚礼服,在镜子前照来照去,不住地称赞罗杰斯的手艺,同时按说好的价格付钱给罗杰斯。没想到罗杰斯竟坚决拒绝。贝勒太太非常纳闷。罗杰斯解释说:"太太,我不能收您的钱。因为我把晚礼服的袖子做长了半寸。为此我很抱歉。如果您能再给我一点时间,我非常愿意把它修改到您要求的尺寸。"

听了罗杰斯的话后,贝勒太太一再表示她对晚礼服很满意,她不介意那半寸。但不管贝勒太太怎么说,罗杰斯无论如何也不肯收她的钱,最后贝勒太太只好让步。

在去参加晚会的路上,贝勒太太对丈夫说:"罗杰斯以后一定会出名的,他勇于承认错误、承担责任及对结果认真负责的工作态度让我震惊。"

贝勒太太的话一点也没错。后来,罗杰斯果然成为一位世界闻名的高级服装设计师。承担责任不仅是一种优秀的职场品质,而且也是一种良好人格的体现。一个人无论是在工作中还是在生活中都不能失掉自己的责任心。

责任是每个人都应该认真面对的事情,倘若一个人拿着公司的薪水,而不愿意承担责任,势必会影响公司的稳定和发展。所以,无论身在哪一个岗位,无论是高贵还是卑微,都应该选择去履行那些不可推卸的责任,都应该对成功或失败负责!

负责从脚踏实地开始：多一些务实，少一些浮躁

一张憨笑脸，两排大白牙，他"天生一副熊样"，外加著名的"一根筋""傻劲"，这就是许三多。在"孬兵的天堂、班长的坟墓"里，别人都在混日子，许三多却"傻"到一个人坚持训练、做内务、站哨岗；把班长一句无关痛痒的玩笑话当真，一个人跑去修路；作为装甲侦察兵，竟然晕车……他拖累了班长、拖累了三班、拖累了七连。可就是这样一个迟钝、不识时务、脑筋不会转弯的傻小子，从"龟儿子"变成孬兵，从孬兵变成尖子兵，从尖子兵变成特种兵，连升三级。

是什么促成许三多完成军旅"三级跳"的呢？答案就是他始终恪守着的职业精神——"踏实、负责"，认真地向着目标前进。

其实，不只是军队，企业同样需要许三多式的"傻"员工。"傻"员工不是不聪明，更不是没有能力，他们将这些聪明和能力都运用到了务实性的工作上。在一家电脑销售公司里，总经理吩咐三个员工去做同一件事，要求他们到供货商那里去调查一下电脑的数量、价格和品质。

第一个员工5分钟后就回来了，他并没有亲自去调查，而是向下属打听了一下供货商的情况，就回来做了汇报。

30分钟后，第二个员工回来汇报，他亲自到供货商那里了解了一下电脑的数

量、价格和品质。

第三个员工90分钟后才回来汇报。原来，他不但亲自到供货商那里了解电脑的数量、价格和品质，而且根据公司的采购需求，将供货商那里最有价值的商品做了详细记录，并和供货商的销售经理取得了联系。另外，在返回途中，他还去了另外两家供货商那里了解一些电脑的商业信息，并将三家供货商的情况做了详细的比较，制订了最佳购货方案。

结果，第二天公司开会，第一个员工被总经理当面训斥了一顿，并给了他一个警告，如果下一次出现类似情况，他将会被开除。第三个员工，因为勇于负责，恪尽职守，受到总经理的高度赞扬，并当场给予了他一定的奖励。无论做什么工作，都应该静下心来，脚踏实地去做。要知道，把时间花在什么地方，就会在那里看到成绩。只要勇于负责、认认真真地在做，成绩就会被大家看在眼里，行为就会受到上司的赞赏和鼓励。

正是这样的员工才能够帮助企业健康发展，使企业正常有序地运行。他们不会懈怠自己的责任，他们忠诚于自己的使命，他们不会整天找一些理由为自己辩解开脱。即使他们没有完成任务，也会主动承担责任，不放弃自己也不放弃工作，他们考虑的是怎么才能把事情做得更好。

在这个世界上，有许多人自以为地位低微，别人所有的种种成就，不属于自己。别人所有的尊严，自己也不配享有，这种观念是他们失掉责任感的主要原因。其实，只要他们能够勤奋地工作，认真、负责地处理日常工作中的事务，就会赢得别人的敬重和支持。反之，一个人即使职位很高，却不敢承担责任，丧失基本的职业道德，也一定会遭到他人的鄙视和唾弃。

因为当今社会的浮躁和急功近利，使不少人每天都在想方设法寻求成功的捷径，一行动起来，就尽可能地钻空子、占便宜，而不愿踏踏实实地按照正当的程序去做，到头来却丧失了更多的自我发展的可能。于是有许多人发出这样的感叹：现今的社会太浮躁，能够务实发展的人实在太少了。袁隆平院士献身科学、一生致力杂交水稻研究，帮助人们解决吃饭问题，受到世界人民的尊敬，被称为"杂交水稻之父"。

"我如果不在家，就一定在实验田；如果不在实验田，就一定在去实验田的路上。"这是袁隆平说过的一句广为流传的话，也是他真实生活的写照。

20世纪60年代，袁隆平院士从质疑权威开始了自己的杂交水稻研究。他说："科学研究要勇于探索，勇于创新，这个是关键。搞科研，应该尊重权威但不能迷信权威，应该多读书但不能迷信书本。科研的本质是创新，如果不尊重权威、不读书，创新就失去了基础；如果迷信权威、迷信书本，创新就没有了空间。"

袁隆平还说："做科研不要怕冷嘲热讽，不要怕别人说你标新立异。如果老是迷信这个迷信那个，害怕这个害怕那个，永远只能跟在别人后面。只有敢想、敢做、敢坚持，才能做科技创新的领跑人。这个我是有深刻体会的。"

袁隆平院士2008年已78岁高龄，但还坚持下田研究。他认为，做科研要埋头苦干，不畏艰苦，这是基本功。一个人事业的成功起决定作用的是顽强的毅力。"我的工作主要在实验田，越是打雷、刮大风、下大雨，越要到田里面去看看，看禾苗倒伏不倒伏，看哪些品种能够经得起几级风。从参加工作到现在，只要田里有稻子，我每天都坚持下田实验。"到2008年为止，袁隆平院士已经获得了19项国内外大奖。他的成就也向我们表明，负责必须从脚踏实地开始，最终才有可能开创辉煌的业绩。

李嘉诚说："不脚踏实地的人，是一定要当心的。假如一个年轻人不脚踏实地，我们使用他就会非常小心。你造一座大厦，如果地基打不好，上面再牢固，也是要倒塌的。"李嘉诚的忠告表明：只有踏实行动的人才有可能获得良好的业绩。"不积跬步，无以至千里；不积小流，无以成江海。"凡成就一份功业，都需要付出心力和耐性，想坐收渔利是不能成功的。

在许多企业，总有一些夸夸其谈的员工。浮躁是成功的大敌，只有"沉下去"，才能最终获得成功。为什么事情不可能完成或做不了，而为何该做那件事情的理由却少之又少呢？其实，多一些务实，少一些浮躁，成功近在咫尺。

责任无小事：认真细致，把工作当作"精密实验"

老子曾说："天下难事，必作于易；天下大事，必作于细。"他精辟地指出了想成就一番事业，必须从简单的事情做起，从细微之处入手。类似地，建筑大师密斯·凡·德罗，在被要求用一句话来描述他成功的原因时，他概括地说："魔鬼藏于细节。"他反复地强调，如果对细节的把握不到位，无论你的建筑设计方案如何恢宏大气，都不能称之为成功的作品。可见对细节的作用和重要性的认识，古已有之，中外共见。

"千里之堤,溃于蚁穴。"一个企业从"诞生"之日起就面临众多强敌的威胁,要想在企业之林中站稳脚跟,除了构建严密的组织生态外,还有一个重要主题,就是敏锐地发现组织中有可能引发危机的"蚁穴",未雨绸缪,防患于未然。一旦发现组织的"蚁穴"就要不遗余力地根除。

1985年的一天,一位客户要买冰箱,结果挑了很多台都有毛病,最后勉强拉走一台。顾客走后,张瑞敏派人把库房里的400多台冰箱全部检查了一遍,发现共有76台存在缺陷。张瑞敏把职工们叫到车间,问大家怎么办。多数人提出,又不影响使用,便宜点儿处理给职工算了。当时一台冰箱的价格800多元,相当于一名职工两年的收入。张瑞敏说:"我要是允许把这76台冰箱卖了,就等于允许你们明天再生产760台这样的冰箱。"他宣布,这些冰箱要全部砸掉,谁干的谁来砸,并抡起大锤亲手砸了第一锤。很多职工砸冰箱时流下了眼泪。在接下来的一个多月里,张瑞敏主持了一个又一个会议,讨论的主题非常集中——"如何从我做起,提高产品质量"。

三年以后,海尔人捧回了我国冰箱行业的第一块国家质量金奖。正是因为这种精神,促使了每一个海尔人落实自己的责任,保证了产品的质量,使海尔成为当时注重质量的代名词,并辉煌至今。海尔总裁张瑞敏说:"把每一件简单的事做好就是不简单,把每一件平凡的事做好就是不平凡。"因此我们在落实责任的过程中应该把"杀鸡用牛刀"的精神亮出来,保证不出现小责任背后的大问题,保证责任到位。

责任无小事。现实工作中的失败,常常不是因为"十恶不赦"的错误引起的，而恰恰是那些一个个不值一提的"小错误"积累而成的。在精细化时代，工作中任何一个环节出了差错，都事关大局。牵一发而动全身，每一件细小的事情所产生的后果都会被不断扩大，到最后便不再是微不足道的小事情了。

责任是不分大小的，一丁点儿的不负责，就可以使一个百万富翁很快倾家荡产；而一丁点儿的责任，却可以为一个公司挽回数以千计的损失。要想工作不流于一般的人，应学会在细节上都要落实责任。

员工的分内责任：苦练提升技能，在孜孜求索中锐意进取

美国职业专家指出，现在的职业半衰期越来越短，高薪者若不学习，不出5年就会变成低薪者。据统计，25周岁以下的从业人员，职业更新周期是人均一年零四个月。当10个人中只有1个人拥有电脑初级证书时，他的优势是明显的；而当10个人中已有9个人拥有同一种证书时，那么原有的优势便不复存在。

所以，只有主动学习才能保证自己在职场中百战百胜，才能保证事业常青。对于员工来说，通过不断学习提升自己的技能是自己的分内责任。戴尔公司的市场总监奥尼斯的成长经历可谓是"一步一个脚印"，他是从一名普通的广告策划人做起的，后来成了公司的市场部经理，最后成为戴尔公司的一名优秀的市场总监。那么奥尼斯究竟是如何一步一步成长起来的呢？让我们看看他从一个市场部经理成长为市场总监的过程吧。

在成为公司的市场部经理之后，奥尼斯很快就对自己的工作有了一个准确的定位。在企业的营销过程中，市场部经理的位置十分重要，一个优秀的市场部经理，在很大程度上能够协助市场总监完成营销战略任务。奥尼斯认为一个优秀的市场部经理应该具备四个最基本的能力：营销策划的能力、品牌策划的能力、产品策划的能力、对市场消费态势潜在性的分析能力。

后来，奥尼斯又认真研究了大多数公司对市场部经理的更高要求，他觉得自己应该在目前的能力基础上进一步提升自己的能力。通过几年的认真学习和实践锻炼，奥尼斯终于如愿以偿地成了公司的市场总监，他为公司的市场营销工作创造了极大的成就。以学习的态度面对工作与生活是让自己快速升值的一大途径。当然，在职场上奋斗的人的学习有别于学校里学生的学习，因为缺少充裕的时间。积极主动的学习尤为重要，只有把提高自己的技能和业务水平看成是自己的分内之事，才能获得充分的发展机会。

现代职场上，不管你从事的是哪种职业，没有知识都是愚蠢和可怕的，不继续加强知识和技能的深化更是可悲的。因为这意味着你将丧失继续前进的动力；意味着你将很难对周围不断发展的事物进行理性的分析和理解；意味着你将失去人生的方向，逐渐被更多掌握新知识和拥有新技能的人所取代，成为"吃老本"的掉队者。

在知识经济时代，竞争日趋激烈，信息瞬息万变，盛衰可能只是一夜之间的事情。在激烈的竞争中，只有不断提升自我的人，才能具有高能力、高素质，才能不断获得生存的"蓝天"。2002年，毕业于山东曲阜师范经济学院经济管理专业的林晶，怀着对未来美好的憧憬走进了青岛国运集团。由于林晶在校期间品学兼优，接受新鲜事物比较快，被安排在新生部门——人力资源部。

此时，正是国运集团高速发展时期，随着企业规模的不断扩大，所需大量专业人员远远超过了往常。林晶是学经济管理的，现在突然要转型干人力资源，陌生的环境，全新的工作，超负荷的用人需求，使初来乍到的林晶马上陷入了被动。

由于工作的滞后，人才跟不上企业发展的需要，心急如焚的领导对林晶提出了严肃的批评。面对压力，林晶很委屈，但"世上无难事，只怕有心人"。工作没做好，她意识到得从自身找原因。

从此，每当晨曦刚刚照进办公室的时候，林晶已经坐在自己的位置上忙碌开了；每当傍晚的路灯照亮人们回家的路时，林晶依然在堆积如山的文件里进行着她的工作；即使是回到家里，林晶也没有放松，在她的床头，堆满了各种专业管理类书籍，每晚睡前，她至少要读一小时专业书籍，然后回顾一天的工作，有针对性地对工作中遇到的问题进行分析研究，并制订第二天的工作计划。

她给自己定下了"四个不让"：不让领导布置的工作在自己的手中延误；不让急需办理的工作在自己手中积压；不让自己分内的工作出现一点差错；不让公司的形象因自己的失误受到影响。林晶对自己的严格要求终于换来了成果，人力资源部的工作蒸蒸日上，公司领导对她的工作也给予了充分的认可。在这样的基础上，林晶被任命为人力资源部部长。

担任人力资源部部长，在外人看来是件轻松、荣耀的事，可林晶却不这么认为：职位提升了，肩上的担子比从前重了。2004年，林晶成功考取助理人力资源管理师资格，使自身能力再上一个新的台阶。在国运集团"尊重人格，重用人才，凝聚人心，激发人气"人才战略的指引下，林晶迅速依据人力资源部的工作性质，制定出相应的工作准则，即"发现人才，培养人才，使用人才，关爱人才"。

她通过网络、报纸、招聘会等载体，通过猎头公司、直接与大专院校联系等渠道，广泛获取各方面人才信息，并通过面试询问内容、公司情况简介、限时回复等工作方法，使人力资源部工作走向制度化、规范化，让人才与企业的交流更加畅通，简捷有效地吸引了大批人才的加盟。

同时，由于国运集团的发展，公司内部员工也需要不断地学习和提高，林晶以身作则，积极投身争做学习型员工的行列中。她利用业余时间，自费参加第二学历教育，积极参与主管部门的培训班学习，努力提高自身的综合素质，拓宽知识面，为正确决策打下了坚实的基础。林晶的成功固然令人羡慕，然而她在工作中的危机意识和责任感更值得我们学习，她善于弥补自己工作中的弱项和不足，用责任心在第一时间内克服自己的薄弱环节，积极地为公司解决难题，从而在职场晋升中赢得主动权。

工作每天都有新情况、新挑战，每天都要面对新事物，学习与工作相伴，工作就是学习。只要天天学习，就会天天进步，天天有机会，工作才会富有生机，能力才会不断提升。"终身学习、成就终生"，每一个员工都应该把学习作为自己的本分责任，只有这样才能为团队和企业带来辉煌，也会迎来自己职业生涯的辉煌。

第 10 章
责任的试金石——七招修炼责任心

身为一名员工,应该时刻记住这样一点:我每天都在和几百万人竞争,所以,我要对自己负责,不断增强自己的竞争优势,善于从解决问题中学到新本领,这样才堪称卓越;否则,可能就永远没有机会,永远只能是一名普通的员工,永远跳不出命运安排的轨道。

责任驱动创新:让自己成为企业的"创意金库"

一个负责任的员工富有开拓和创新精神,他绝不会在没有努力的情况下,就为自己找借口推卸责任。他会想尽一切办法完成公司交给的任务,让"问题止于此"。条件再困难,他也会创造条件;希望再渺茫,他也能找出许多方法去解决。

现在是拼智慧和创意的时代,无论做什么样的工作,都应该养成用大脑去工作的习惯,长此以往,就能在同行中脱颖而出。小吴曾是山东的一名下岗工人。有一次,他在吃烧烤时突发奇想:"怎么烧烤店都没有烤鸡蛋呢?鱼、肉、菜都可以烤,鸡蛋也应该可以烤,要不我试试吧。"

最初烤鸡蛋时,他掌握不好温度,只烤了一会儿,鸡蛋就相继爆裂了,蛋清和蛋黄流了一地。他以为是炉火太旺了,于是动手做了一个土炉,在里面点燃几个木块,等木块燃尽后再把5个鸡蛋埋进残火中。他满怀希望地盯着残火观察,可过了一会儿,就又听到了几声清脆的爆裂声,蛋清和蛋黄夹杂着炉灰溅到了他的脸上……

尽管如此，小吴仍然不放弃，他不甘心，然后开始整天在家里研究。经过多次实验，小吴渐渐摸索出应掌握的适合温度。后来，他发现烤熟的鸡蛋味道更好一些，但需要重新调适烤箱的温度。经过不断地摸索，他终于找到了烤鸡蛋的窍门，掌握了时间与温度的配比、鸡蛋与调料的配比和多样化味道的调制。如此烤出的鸡蛋，不仅色泽金黄、蛋清劲道、蛋黄松软，还软中带脆，久嚼不腻，除了即食相当好吃，烤蛋任意切制也不破不碎，柔韧夹香，配菜煎、炸、炒、涮均美味可口。当他把烤鸡蛋拿到市场上去卖时，便一炮打响了。

世界是不断发展变化的，困难是层出不穷的，只有用责任驱动创新，才能超越现状、有所突破。在工作中能够创造多少价值，就看融入了多少智慧。优秀的员工总是在遇到问题时首先想到要创新，想方设法去解决，因为只有这样，才能够在工作中取得更大的成绩，才能奠定自己不败的职场地位。

喜欢动脑，用智慧解决工作难题的人是最优秀的人，也是任何一个企业都需要的人。假如你通过找方法、动脑筋做了一件乃至几件让人佩服、让领导赏识的事，你就能很快脱颖而出并获取更多的发展机会。责任驱动创新，这种创新具有不竭的动力，使我们一生受益。李明星是奇瑞涂装生产线上的一名工艺员，虽然只是一名普通的蓝领，但他和同事一起，经过一个月的研究和摸索，彻底地解决了瑞虎车型在涂装生产中遇到的质量问题。

在工艺改进之前，每辆瑞虎车在涂装生产线出来后，都需要点修补漆。随着瑞虎销售量的攀升，这不仅大大影响了生产效率，还使涂装成本大幅上升，甚至给产品质量带来隐患。李明星经过细致观察，发现在涂装的过程中，油箱口盖和前仓的横梁处会产生油漆"碰伤",这是导致油漆缺陷的主要原因。于是李明星和同事们在工作中认真研究涂装的每一个细节,业余时间认真研读相关书籍,并相互交流意见,终于在一个月后提出了改进方法:对两个随车辅具稍作改进,便彻底解决了涂漆"碰伤"的问题。带着责任来工作,就需要用大脑去思考,思考现在的工作应该如何改进,思考以后的工作应该如何筹划,思考为自己的职业生涯应该画上怎样的一笔。

过去,大多数企业里的工作都是一些体力活,只需员工用手工作即可。而现在,企业的发展不仅需要技能熟练的工人,更需要能够适应新的形势,用大脑工作的创新型员工。一流员工善于用大脑工作,凡事主动寻找方法创新的员工,也就是跑得最快的员工。一家公司打算生产番茄酱,可是市场上已经有各种各样的番茄酱了,它们在包装、价格、营销手段等方面已经"打得不可开交",如何才能让自己的产品投入市场后受到消费者的关注呢?

这时,一位名叫汉斯的员工出了一个好主意:不在包装和价格上做文章,而在番茄酱本身上做文章,把番茄酱做得特别浓,口感也比较浓重。

果然,这种番茄酱投入市场后,立刻因为独具特色而被消费者认识了。但是问题又出现了,此种番茄酱流速太慢引起消费者不满,人们纷纷抱怨这种牌子的番茄酱"倾倒的时间太长",而其他产品没有这种毛病,因而该种番茄酱的销售受阻。

面对这种情况,公司领导一时拿不定主意,是改变番茄酱配方,降低番茄酱浓度,还是改变包装,使之容易倒出?不论哪一种方案,都将使"汉斯"番茄酱失去特色。这时，汉斯又想出一个妙招，既不改变包装，也不降低浓度，而是因势利导，改变广告宣传重点。在广告中指出，这种番茄酱之所以流速慢，是因为它比别的番茄酱浓，味道也比稀的好，广告中公然宣称，该番茄酱是流动最慢的番茄酱。如此，不仅不把消费者抱怨的"流速慢"视为短处，而且使之优于其他番茄酱。这则广告播出之后，果然效果奇佳，市场占有率也大幅度上升。要想在职场中立于不败之地，就要及时转换自己的思路，用大脑去工作，为企业创造更高的价值，智慧的力量会助推我们成为职场里的常胜将军。

责任驱动创新，就是要求员工敢于突破，打破常规，走别人没有走过的路；就是要改变因循守旧的思维，摆脱僵化落后的状态；就是要以超常的努力，把挑战和压力变为机遇和动力，把目标变为现实。

责任无时不在：用心做好在职的每一天

齐格勒曾说："如果你能够尽到自己的本分，尽力完成自己应该做的事情，那么总有一天，你能够随心所欲地从事自己想要做的事情。"反之，如果凡事得过且过，从不努力把自己的工作做好，不用心做好在职的每一天，就永远无法达到成功的顶峰。在职场中，领导最欣赏那些能用心做好在职每一天的人，并给予他们更多的机会。

能够用心做好在职每一天的人和凡事得过且过的人之间，最根本的区别在于，前者懂得为自己的行为结果负责，这种工作态度常能感化"铁石心肠"的老板。而许多整天想要跳槽的人，工作反而越换越差，因为他们根本无暇在自己的专业领域里积累经验，使自己的实力更上一层楼。那些平常不以跳槽为念、全心全意工作的人，则能够大展宏图。

成功者的经验告诉我们，不管你的能力有多强，你都必须从最基础的工作做起，用心做好在职的每一天。职场永远不会有一步登天的事情发生，任何人要想脱颖而出，唯一的机会就是把现在的工作做好，在普通平凡的工作中创造奇迹。

用心做好在职的每一天，踏踏实实做好现在的工作，做一名优秀的员工，才能逐渐积累自己的经验，提升自己的能力，增长自己的学识，从而获得职业发展的机会。

如果一个人连本职工作都做不好，他必然蹉跎岁月、虚度人生。做好本职工作是一个人最基本的职业道德，也是一个最起码的标准。

很多人不用心对待自己的工作，结果经常出现漏洞和差错，甚至还因本职工作没有做好而影响其他的工作顺利进行和开展。这样的员工是对工作的不负责任，也是对自己的不负责任。方永刚，海军大连舰艇学院政治系中国特色社会主义理论教研室教授。方永刚入伍20多年来，以对马克思主义的坚定信仰，立足本职，深入学习、积极传播、模范践行党的创新理论，在党的理论武装工作中做出了突出贡献。

方永刚热爱本职工作，兢兢业业，在军校教员岗位上忠实地履行着自己的职责。他把业余时间全部用在了刻苦学习和研究党的创新理论上，经常通宵达旦地学习、备课、撰写著作和文章。他读过的《邓小平文选》等书籍的四周全被磨破，厚厚的封面也由于反复翻阅快被磨穿，空白处密密麻麻写满了所思所悟。

正是凭着这种水滴石穿的精神，党的创新理论每前进一步，他的学习研究就会跟进一步、深入一层，不断推出研究成果。他先后出版了16部政治理论专著，完成了10项国家和军队重点科研项目，发表了100多篇学术论文，荣获全军院校育才银奖、全军政治理论研究优秀成果一等奖。

方永刚就像时刻保持冲锋姿态的战士，哪怕十几分钟的课都充满激情，他的课充满了理论的力量和人格的魅力，连续6年教学质量被学院评为A等，多次被学院评为优秀教员、青年教员成才标兵，荣立三等功1次。方永刚作为辽宁省国防教育讲师团成员、大连市委讲师团成员、沈阳军区联勤部客座教授，先后为部队和地方党政机关、社区、企事业、干休所、学校等单位做辅导报告1000多场，从军队到地方、从城市到乡村、从北国的漠河边防到南疆的海防哨卡，都留下他传播创新理论的足迹，被官兵群众誉为"平民教授""大众学者"和"科普专家"。

2006年11月，被确诊为晚期结肠癌的方永刚，仍然以顽强的毅力与病魔抗争。他坚持从医院回到学院，为海军基层政工干部培训班国防生学员上完了他本学期的最后两节课，还躺在病床上完成了对3名研究生的学期教学和毕业论文写作的辅导任务。方永刚真学、真信、真情宣传、真诚实践党的创新理论，用生命的激情诠释了一名军校教员的敬业奉献精神和高尚师德师风。

2007年6月20日，中央军委授予方永刚同志"忠诚党的创新理论的模范教员"荣誉称号。毋庸置疑，想成就一番事业，就必须从热爱自己的本职工作开始，忠诚于自己的工作岗位。用心做好在职的每一天，一定能将自己的工作做到最好。

用心做好在职每一天的员工，一定会在自己的岗位上做出成绩，成为一名优秀的员工。

感受金灿灿的丰收韵味：感恩心做人，责任心做事

没有做不好的工作，只有不负责任的人。责任感是职场最强的能力，与此相对应，感恩心是职场最大的动力，两种力量相辅相成，共同汇集成推动企业发展的强大动力。

懂得感恩，可以让周围的人觉得更重要，在激励别人的同时也会带给自己力量，尤其在一个团队当中这种效果更为明显。不要自恃才高就看不起周围的同事，更不要因为忙碌而忽视了周围同事对你的帮助，有时候简单的"谢谢"两个字，也会产生巨大的情感力量。

清代金缨的《格言联璧》中有这样一句话："静坐常思己过，闲谈莫论人非"在后世广为流传。它的意思是沉静下来要经常自省自己的过失，进而以是克非、为善去恶；闲谈的时候莫议论别人的是非得失，这是儒家倡导的道德修养的重要方法。

这个看起来非常严肃的道德问题，可以把感恩和人的需要结合在一起。因为感激他人对待自己的恩德，所以在遇到冲突和矛盾的时候，不是寻找和指责他人的过错，而是静下心来，反省自己的错误。即使他人有一些不对的地方，也因为感恩的缘故能够在内心里达成真诚的谅解。

对于我们每一个人来说，持感恩的心做人，用责任的心做事，这样的处世态度，既有利于人与人之间关系的和谐，也有利于个人的成长和进步。小宋是名牌大学毕业的，在一家事业单位工作。在单位里要写很多材料，她毕竟刚来，公文写作还不是很熟练，于是每次写好后，她都要给同事老王看，待老王修改完，她再拿去请科长审阅。

很快，小宋的材料越写越好，老王已经没有什么可以修改的了，可科长仍旧东涂西抹，不留情面。小宋虽有些不悦，但没说什么，依然是很谦虚地请科长批改。老王愤愤不平，他认为科长的水平修改不了小宋的文章了，他给小宋讲过这样的故事：一位外国政治家参观抽象画展，看不懂，就破口大骂，负责展览的艺术家回敬道，您对艺术根本不懂。政治家说出了他的那句名言："当我是一名矿工时，我不懂；当我是党的低级官员时，我不懂；但是，今天我是部长会议主席、党的领袖，因此，我现在当然懂。"

老王揶揄道，他现在是科长，他当然能够修改科员的文章。小宋只是笑，显得不介意。有时被老王逼紧了，她也只是说，不就是改个材料吗，又不是修改我的人生。

由于小宋的谦虚勤奋和才能，科长把小宋推荐给上级宣传部门，小宋上调了。

一天，上级要求科里写一个大材料，材料组织好后，科长让人先送到宣传部门说是请上级把关，两天后，小宋把材料修改好。这个材料得到了上级的好评。科长很满意，说："小宋还真行，我没有看错人。"老王也服了小宋。

小宋拿出钱来请大家吃饭，有人私下里对小宋说："你应该让科长请你吃饭才对，那文章是你写得好。"小宋说："那怎么行，我会写材料是你们教的，我得感谢才对。我老爸在我参加工作时，送我四个字：感恩、责任。就是说要感恩心做人，责任心做事，只有这样才能把事做好。"小宋并没有抱怨和指责科长的专制和挑剔，而是感激科长给自己带来的成长进步的机会，事实也证明了这一点，她确实得到了能力和职位的提升。

互相感恩、共担责任是企业常青的支柱。员工因为对企业感恩，对工作感恩，对同事感恩，才会互助合作。因互相感恩而共同担责，像战场中的兄弟连一样共进共退，奉行这样职业精神的企业，即使刚开始只是有三五个人的小公司，最终也会成为大集团。

在公司中，同事之间相互称呼有时会用到"同人"这个词，当然这个词远不只是一个简单的称谓，它背后更深刻的含义是揭示了我们人与人交往时应持有的同心同德、互助感恩的态度。因此，在公司如果我们叫一声"同人"，就应当同心同德，互助感恩，共担责任，这样企业上下就会是一个同心圆，凝聚成一股巨大、恒久的力量。

所以，身在职场，与上下级和同事相处，要互相理解，互相帮助；多反思自己的不足，多感激别人的恩惠，少谈论别人的缺点，对矛盾不要老是耿耿于怀。如果能做到这一点，同人之间的摩擦就会减少，工作就会更加和谐，生活也会更加温馨。正如法国启蒙思想家卢梭所说："忍耐是痛苦的，但是，它的结果却是甜蜜的。"持感恩的心做人，用责任的心做事，你一定会得到丰厚的回报！

第 11 章

责任成就卓越,
让"负责"成为我们的金字招牌

永远的"金科玉律":唯有责任才能成就卓越

卓越就是不放松对自己的要求,就是在别人苟且随便时自己仍然一如既往地坚持操守,这也是一种高度的责任感和敬业精神。无论人才需求如何变化,是否具有追求卓越的精神始终是领导用人的一个重要标准。

责任感是一种精神,也是卓越的原动力。责任感能让人战胜胆怯,一个人的责任感可以让别人也懂得什么是责任。一个人承担起责任,并时时保持一种高度的责任感,必将产生神奇的效果。曾经有一位推销员看到这样一句话:"只有尽职尽责,才能够尽善尽美。"开始,他有些怀疑,后来为了验证这一句话,他细细反省自己的工作方式和态度,结果发现自己本来有许多可以与顾客成交的机会都错过了。后来,他分析原因,认为是因为自己在工作中的确没有做到尽职尽责。于是,他制订了严格的工作计划,并在工作中付诸实践。

几个月后,他回顾了一下,突然发现自己的工作业绩已经增长了几倍。数年后,他拥有了自己的公司,开始在更广阔的天地里施展自己的才华。职场上就是这样,有些员工具有很强的能力,却因为对工作不负责任,经常出现疏漏,结果卓越的能力最终归为平淡。

唐骏被誉为"打工皇帝",但他刚进入微软时,做的是最基层的程序员,只是微软这个大蜂巢里千千万万的工蜂之一。但唐骏坚守自己的岗位责任,在自己的岗位上不断追求进步。他所领导的部门成功地设计、开发并发布了远东版(包括日文版、简体中文版、繁体中文版和韩文版)Windows NT 3.51、NT4.0和Windows 2000,取得了卓越的战绩。

1997年年底,微软企业总部委派唐骏来到中国上海筹建大中国区技术支持中心,在唐骏的努力下,该技术中心发展速度惊人。在1999年7月,微软总部鉴于该中心的骄人业绩,正式宣布提升该中心为亚洲技术中心。2001年10月,鉴于该中心的业务范畴已扩大至全球范围,微软企业正式宣布将微软亚洲技术中心提升为微软全球技术中心。由于其出色的业绩,2002年3月,唐骏被任命为微软中国总裁。唐骏的管理才能受到微软企业的高度评价,并获得微软企业最高奖项——比尔·盖茨终身成就奖。在自己的不懈努力下,唐骏成长为一名优秀的员工。只有担负责任,才能为自己赢得辉煌的发展前景。只有用责任赢得令人瞩目的业绩,才能向大家证明自己的能力,才能从平凡走向卓越。历数成功人士的经历,有谁对自己的工作不负责任而得以成功的?恐怕很难找到。

有"马班邮路上的忠诚信使"称号的王顺友,他20多年如一日,背负"信使"的责任在自己的乡邮之路上做出了令世人感动的卓越成绩。王顺友是四川省凉山彝族自治州木里藏族自治县邮政局投递员，2007年"全国道德模范"的获得者。20年来，他一直从事着一个人、一匹马、一条路的艰苦而平凡的乡邮工作。邮路往返里程360千米，月投递两班，一个班期为14天。22年来，他送邮行程达26万多千米，相当于围绕地球转了6圈！

王顺友担负的马班邮路，山高路险，气候恶劣，一天要经过几个气候带。他经常露宿荒山岩洞、乱石丛林，经历了被野兽袭击、意外受伤乃至肠子被骡马踢破等艰难困苦。他常年奔波在漫漫邮路上，一年中有330天左右的时间在大山中度过，无法照顾多病的妻子和年幼的儿女，却没有向组织提出过任何要求。

为了排遣邮路上的寂寞和孤独，娱乐身心，他自编自唱山歌，其间不乏精品，像"为人民服务不算苦，再苦再累都幸福"等。为了能把信件及时送到群众手中，他宁愿在风雨中多走山路，改道绕行以方便沿途群众。而且还热心为农民群众传递科技信息、致富信息，购买优良种子。为了给群众捎去生产生活用品，王顺友甘愿绕路、贴钱、吃苦，受到群众的广泛称赞。

20年来，王顺友没有延误过一个班期，也没有丢失过一个邮件、一份报刊，投递准确率达到100%。2005年，王顺友应万国邮政联盟之邀，飞赴瑞士，为万国邮联行政理事会做关于中国邮政普遍服务的报告。该理事会自1874年成立以来，王顺友是受邀做主题报告的第一名普通邮递员！他的成绩赢得了全世界的敬意。

王顺友之所以卓越，是因为他立足于自己本职岗位，一心扑在自己的工作上，在自己平凡的岗位上坚守着，做出了常人难以做出的卓越成绩。是什么让他坚持了这么多年呢？是责任，是他对工作的责任，是他对边民的责任！

任何一个成功的人士都是重视责任的人，这是永远的"金科玉律"。只要我们与责任相伴相随，我们所迎接的必将是成功的甜蜜果实。

承担分外的事，让金子的光更耀眼

职场总是会有许多事情可做的，要不然也就不是职场了。有些工作也许真的不是你的分内工作，可是有些难题的存在却阻碍着团队的前进，作为公司的一分子，你应该主动帮助上司或同事解决这些难题，而不应该坐视不理。

只有这样，企业或上司才会有机会知道你具有身兼多职的才能，而这也正是事业有成的关键。其实，工作是不分分内和分外的，只要是职场上的事，只要是自己见到的活儿，不抢着把它干好，心里就会不踏实！

不计报酬地承担分外事，对负责任的员工来说，不仅是理所当然的，而且还会视其为荣幸的事——领导为什么叫我多干，是他信任我，是我的技术比别人强，这已经是最好的奖赏了，我干吗还要计较其他的？有这样想法的员工必定比别人进步更快。常桂春所在的北京二七机车厂是一个有着光荣历史和辉煌业绩的大型制造企业，全国铁路第六次大提速的主型机车"和谐号"大功率交流传动电力机车就出自他们机车厂。

常桂春18岁进厂当工人，她经常承担一些分外的事，在实践中练就了一身真本事、硬功夫。她运用"手感、眼观",掌握了加工规律并总结出操作方法,大大提高了工作效率。以前,按传统操作方法加工机车油路上的锥形螺堵,一次只能加工一个。常桂春创造的"进刀挑扣倒装工件"工作法,一次走刀可连续加工3个工件,是原来工效的3倍。

常桂春是技术上的"多面手",车工、铣工、钻工、钳工她样样精通。在她担任班长的小件班,哪里缺人她就到哪里干。有一年,厂里生产任务十分繁重,常桂春一边积极组织生产,一边顶岗加班加点抢任务。在她的带领下,全班职工不畏高温酷暑,坚持生产,齐心协力加工、制造东风7C型机车配件100多项3.7万多件,液调车配件68项386件,圆满完成了生产任务。在她当班长5年的时间里,小件班无论是现车生产还是配件生产的计划兑现率都在100%。

常桂春在产品质量上精益求精。虽然她把经常加工的配件尺寸早已牢记在心,但每次开工前,她总要把图纸、工艺规程仔细看一遍再开工。每加工完成一个配件,她都要仔细测量检查,在每个环节上把好质量关。常桂春每年加工的配件多达两万件,但从未出过一件废品。技术人员和检查人员都说她是"质量信得过的人",她也因此连续多年被评为"厂级质量标兵"。

平时抢着干脏活、累活的常桂春,还经常开动脑筋搞技术革新。

近些年,她制作方便、实用的工装卡具近40项,有些配件成了她的"专利"产品。在加工东风7C型机车板阀座时,为解决四爪卡盘找正费时、费力的难题,常桂春找材料制作了加工胎具,放进板阀座,就能定好中心,由此提高4倍的工效。凭借着多才多艺与积极主动等优势,常桂春成为二七机车厂核心的工人之一,并先后获中国铁路机车车辆工业总公司劳动模范、全国铁路火车头奖章、全国铁路优秀共产党员、北京市劳动模范、全国五一劳动奖章、全国劳动模范等称号。在领导与同事眼中,她是一名名副其实的好员工。

其实,有两种员工是永远无法超越别人的:一种是只做别人交代的工作的员工;另一种是连别人交代的事也做不好的员工。也许你会发现,多数人只对自己分内的事负责,对同事表现出来的是"各人自扫门前雪,休管他人瓦上霜"的冷漠,对上司表现出来的是一种故步自封的懒散和执拗。

支持这些人不肯承担分外责任的动力,是他们认为这会影响自己的本职工作,甚至会承担风险,他们的付出与收益不成正比。一个人只有表现出高度负责的精神,才会赢得领导的赏识和重用,而只对分内的事负责,只是一般的负责。一个人承担的责任越多,他彰显出来的价值就越大,得到的回报就越多。

真正具有责任感的人,会自觉消除分内分外的界限,一个优秀的工作者是从以下五个方面来体现主动性的:

①承担自己工作以外的责任;

②为同事和集体做更多的努力;

③能够坚持自己的想法或项目,并很好地完成它;

④愿意承担一些个人风险来接受新任务;

⑤他们总站在核心路线旁。核心路线是公司为获得利益和取得市场成功所必须做的直接的、重要的路线,工作人员首先必须踏上这条路线,然后才能为公司

做出贡献。

以上五个方面,有三个方面表明优秀的工作者必定要承担更多的责任。承担更多的责任,就意味着承担起分外的责任和面临着更多的风险,这是负责的延伸和升华。

其实,真正具有责任感的人,从不以个人得失为工作的出发点,他们乐意为同事提供帮助,乐意接受新任务,因为他们信奉的宗旨是对同事负责就是对自己负责,对公司负责就是对自己负责。所以他们心中根本不存在分内分外的界限,只要是对公司有益的事,就负有不可推卸的责任,就应该积极主动地去做,这样的员工会如同金子散发出更耀眼的光芒。

用责任为自己塑造完美塑像,成为一名金牌员工

曾经有人这样形容现代职业人的竞争环境:"每一条跑道上都挤满了参赛选手,每一个行业都挤满了竞争对手。"在人满为患的跑道上和拥挤的行业竞争通道中,怎样才能成为令人羡慕的领跑者呢?最简捷的方法就是负起责任。

在工作中,责任要求我们对所从事的职业满怀崇敬和热爱,以高度的热情和事业心投入本职工作中去,只有这样才能实现对自我的超越,才会收获卓越的成绩。责任是员工的立业之本,是组织最需要的一种精神品质。只有拥有强烈的责任感,才能把自己的工作做到优秀,达到卓越。纳迪亚·科马内奇是第一个在奥

运会上赢得满分的体操选手,她在1976年蒙特利尔奥运会上完美无瑕的表现,令全世界为之疯狂。

在接受记者采访的时候,纳迪亚·科马内奇谈到她为自己所设定的标准以及如何维持这样的标准时说:"我总是告诉自己,'我能够做得更好',不断鞭策自己更上一层楼。要拿下奥运金牌,就要比其他人更努力才行。对我而言,做个普通人意味着必定过得很无聊,一点儿意思也没有,我有自创的人生哲学:'别指望一帆风顺的生命历程,而是应该期盼成为坚强的人。'"一般人认为还可以接受的水准,对于像纳迪亚·科马内奇这样渴望成功的人而言,却是无法接受的低标准,他们会努力超越其他人的期望。

甘于平庸的人并不能称得上对自己负责。只有把卓越当成自己的工作标准,不断告诉自己"我能够做得更好",这样才能鞭策自己不断进步,充分施展出自己的才能,将工作做得尽善尽美。

许振超是青岛港集团集装箱有限公司桥吊队队长。2005年4月,他被全国总工会评为全国劳动模范,2008年3月任十一届全国人大常委会常委。许振超已经成为一个符号,是工人们的典范,是新时代的"金牌员工"。作为一名现代工人,责任感使许振超一直怀有爱岗敬业的热情,还让他练就了一身的技能。他参加工作30多年来,以"干就干一流,争就争第一"的精神,立足本职,务实创新,干一行,爱一行,精一行。

许振超自学成才,苦练技术,练就了"一钩准""一钩净""无声响操作"等绝活,并创造了"王啸飞燕""显新穿针""刘洋神绳"等一大批具有社会影响的工作品牌。他带领团队按照"泊位、船时、单机"三大效率的标准要求，深入开展比安全质量、比效率、比管理、比作风的"四比"活动，先后六次打破集装箱装卸世界纪录，"振超效率"令世人赞叹，"振超精神"也名扬四海。"10小时保班"服务品牌为顾客提供了超值服务，吸引了全球各大船运公司纷纷在青岛港上航线、换大船。2006年青岛港集装箱达到770.2万标准箱，位列世界第11强。

许振超还积极响应建设节约型社会的号召，按照青岛港"管理挖潜力"的要求，多方试验在冷藏集装箱上加装节电器，最终仅2005年就节约电费600万元，投资回报率达到60%。2006年，他带头组织实施了轮胎吊"油改电"技术改造，填补了这一技术的国际空白，在全部77台轮胎吊投入使用后，年节约资金3000万元以上，噪声和尾气污染大为降低，接近于零。

青岛港集团董事局主席、总裁常德传说："为什么会有'振超效率'？许振超能够将下面的一帮子人领起来。在许振超的带动下，他的'振超效率'，80%以上的人都已能熟练掌握，许多工人还掌握了新的绝活。世界纪录不断被刷新，已不仅是许振超一个人的力量，更是许振超带动下的团队的力量。"无论从事什么行业，要想在该行业中站稳脚跟，做出一番成就，就必须具备强烈的工作责任心，提升专业技能，以精益求精的态度对待自己的工作。

无论你是普通工人，还是一个电脑程序员、一个建筑工程师，都要以责任这块敲门砖来打开通往成长道路的大门。简而言之，任何人都不可能脱离责任而空谈成长。所以，每个人都要对自己的工作负起责任，成为本行业的排头兵。

职场中的所有员工应该向勇于承担责任的成功人士学习,做一名刻苦勤奋、执行有力、忠诚尽职的职场好战士,用责任为自己塑造完美形象。要成就事业、创造财富,就必须最大限度地负起责任,使出全部力量,尽最大努力把事情做好。

尽职尽责,打造永不贬值的职场"金饭碗"

提到"铁饭碗",大家可能会想到公务员、银行职员等长期稳定的工作岗位。殊不知,在变幻莫测的市场经济环境下,"铁饭碗"似乎只能成为人们的一种追求,但是"铁饭碗"并不是不存在。只要你尽职尽责,并且不放弃对自身能力的提升,那么,即使你就职于私营组织或者从事人力资源流动性大的工作,也同样能拥有人人羡慕的"铁饭碗"。

由此可见,是否拥有"铁饭碗",并不仅仅取决于你的工作岗位,还取决于你的工作态度——尽职尽责。苏南和汪凤是一家酒店餐饮部的实习生。一天,一位住在酒店的客人到餐厅吃饭,饭菜已经上桌了,他却因一时有急事需要外出,临走前他请为自己服务的汪凤先把菜放在这里,等他回来时再吃,说完还让汪凤看了一下自己的房卡。汪凤礼节性地微笑着点了点头,就准备让他离开。

然而,刚才的场景却被做事一向扎实、认真的苏南看在眼里,这事本来与苏南无关,然而强烈的责任感却让她主动走了过去,面带微笑诚恳地对那位客人说:"先生,请您放心,我们一定将菜给您留着。不过我们酒店有规定,因为您已经点了菜，所以需要先付账。请您理解我们的做法。"

"那好，我马上去付账。"客人爽快地答应了下来。

"好的，我带您去。"苏南笑容满面地带着客人到前台结了款。

后来，那位客人直到酒店打烊后很晚才回来。苏南不但没有下班，而且她还通知厨房留下人值班。等客人一回来，她马上让厨房的人将热好的饭菜给客人端了上来。她做的这一切让那位客人非常感动，而这些也被酒店经理看在了眼里。

几年时间，苏南就当上了酒店的副经理。尽职尽责是一个优秀职员在这个竞争激烈的社会中立足的基本条件。正是凭借自己认真、扎实的工作作风，在几年时间里苏南从实习生当上了酒店的副总，获得了人人羡慕的"铁饭碗"。

由此可见，成功的机会是不会凭空降临的，只有尽职尽责的职员才有获得更多机会的可能。如果你总是只有在领导注意时才有好的表现，那么你永远也无法取得你想要的成功。如果你能够做到的比领导期望的还要多，那么你就永远不用担心没有机会。在任何一个组织里，那些不必领导交代就自己找事做的职员、那些接到任务时不会找借口的职员、那些永远也不问"怎么办"而是自己动手去克服困难的职员、那些主动请命为组织工作的职员，就是领导心目中最优秀的人。

每个领导都喜欢做事扎实的职员，每个人都愿意和这类人共事。如果你总能保持扎实、认真的工作精神，比自己分内的多做一点，比别人期待的多服务一点，你就可以吸引领导的注意力，得到加薪和升迁的机会。反之，如果你做事不扎实、不上心，甚至站在以前的功劳簿上"等吃等喝"，即使你曾经拥有"铁饭碗"，也会有被打碎的那一天。王林是南方某城市一家报社的记者，他进报社主要负责广告业务。因为业绩突出，报社准备提拔他为副社长。

开发区举行奠基仪式的那天，王林带上了社里最优秀的记者和广告部成员，计划用大幅版面进行宣传。

奠基仪式结束后，有位老朋友邀请他去吃饭。盛情难却，于是他向记者和相关广告人员交代好工作就去了。

那天，他玩到很晚才回家。但是第二天，他当副社长的梦就破灭了。原因很简单，那天他们出版的报纸犯了一个最不应该犯的错误。

原来，头版头条的新闻标题本来应该是："某某开发区昨日奠基。"而印出的大标题却是："某某开发区昨日奠墓。"

这对一向重视有个好"彩头"的南方企业来说，把"基"写成"墓"，无异于大忌，更何况这还是开发区项目正式启动的第一天。

结果可想而知，报社的声誉也因此受到了很大的影响，一些准备在这家报纸上投放广告的客户，也因此取消了自己的投放计划。

这样大的失误到底是怎样造成的呢？

经报社仔细分析：

①王林自以为派出的是报社最优秀的记者，因此非常放心。而且，他离开之前还特意请副总编对稿子把关，因此，就更加放心了。

②记者的稿子确实写得很好，但由于当时电脑还不普及，记者手写的稿件字迹很潦草，"基"看起来与"墓"非常相似。

③当时还是铅字排版，稿子到了排版人员那里，他想当然地把"基"字当成了"墓"字。

④稿子排完版后，交到副总编那里时，正赶上副总编家里有急事，于是他只匆匆看了一眼，也没发现什么问题，就签发了。

错误就这样造成了。

事后，报社对有关人员做出了这样的处理：记者和排版工人被开除，副总编降半级。

当然，王林被提拔为副社长的事也泡汤了，他原本想在那座城市大展宏图的梦想也化为泡影。王林和他的几个同事没有尽到责任，结果造成了大家都不愿意看到的结局。可见，没有责任心，根本就无所谓"铁饭碗"。真正的"铁饭碗"是不会让你轻易得到的，除非你为自己的工作尽职尽责了。即使你有幸曾经拥有，如果你工作不负责，也一样会被自己、被别人打碎。

作为一名职员，任何时候都不要把责任抛诸脑后。一个不负责任的员工，自然不会为组织和领导所需要和重视，只有埋没，甚至被淘汰的结局。一个负责任的员工，做事扎实，主动进取，才能成为组织和领导真正需要的优秀职员，才会成为拥有"铁饭碗"的人。

提升自己的含金量：成长中体悟责任，卓越中升华责任

曾经见过这样的一道题：对岸鲜花盛开，四季如春，恍如天国，毛毛虫要去对岸生活，可是一条大河挡住了去路，毛毛虫怎样才能过大河呢？

答案是千奇百怪的：有的说游过去，有的说搭船过去，有的说趴在别人身上过去，有的说从地面上爬过去，还有的说爬到树叶上漂过去……

但是最美妙的答案是：变成蝴蝶飞过去。从一个小小的卵开始，毛毛虫经历多次的蜕皮，长大，然后成茧，在某个风和日丽花香弥漫的日子，毛毛虫变成了美丽的蝴蝶，在众人的敬慕里，带着尊严与喜悦翩翩飞过大河，到达鲜花盛开的彼岸。

毛毛虫可以跨越这条河，因为它实现了对自我的突破和超越，它已经不再是毛毛虫，它已经变成蝴蝶了。毛毛虫不能越过这条河，但是蝴蝶可以飞过这条河，突破和超越自我后，也就到达了成功的彼岸。从一名普通员工成长为卓越的员工，责任就是这种蜕变的内驱力！西武是一名毫不起眼的理发师。但是他对工作的态度近乎偏执。有一次，一个客人来理发。西武告诉对方，剪发大概要用40分钟的时间。对方没有异议。可是，剪到30分钟的时候，这位顾客突然接到一个电话，得马上走。西武坚持说："必须把头发剪完才能走，不然的话，会影响到整体的效果。"顾客很生气，但是西武仍然不肯放他走，并且再三强调要对自己的工作负责。顾客没有办法，只能留在店里把头发剪完。

半年后,那位顾客又来了,他笑眯眯地对西武说:"上次因为在你这里剪头发而耽误了生意,我曾发誓再也不来这里剪发了。但后来发现其他理发店剪出来的效果都没有这里好。现在,我和我的朋友们只认你这一家理发店了。"

尽管西武的理发店在街角最不起眼的地方,但是并不影响他的生意,每天都顾客盈门。理由很简单:这里面有一位很好的理发师,他总能把顾客的头发剪出最好的效果。只有在自己的工作中融入责任,才能成就卓越。竞争不可怕,裁员也不可怕,可怕的是你没有责任心——精湛的专业技能、独具特色的工作风格和高尚的人品需要责任来支撑。如果你想在竞争激烈的职场中取胜,就应该从现在开始,把自己当作一个品牌来经营,这样你才能步步高升,成为职场中的"不倒翁"。

责任是成果,责任是创新,责任是效率,责任是生存,责任是员工得以发展的根本。责任能够为你的个人品牌贴上卓越的"标签",使你在众人之间脱颖而出。企业呼唤卓越的员工,希望这些卓越的员工与企业共发展、共进步。员工只有真正地负起责任,修炼自身内功,增强自身的竞争力,为企业打拼,个人和企业才会从中获得双赢。电影《青春制造》是根据一汽职工王洪军的真实故事改编的。王洪军是谁?他是中国一汽大众汽车有限公司的高级技工,他和车间里的普通工人没有什么两样。的确,王洪军身材不高,貌不惊人,他参加工作十多年,一直在一汽大众焊装车间一线工作。然而,就是这样一位普普通通的工人,却有着令人意想不到的作为。

王洪军毕业于一汽技工学校,1990年毕业后在一汽大众焊装车间做钣金整修工。钣金整修工作技术含量非常高。最初，公司的钣金整修主要是由4个德国专家负责，中方员工打下手，递递工具，干点杂活。王洪军一边打下手，一边练习。他跑图书馆翻阅相关资料，到书店买专业书，自学热处理、机械制图、金属工艺等专业知识，对照书本反复操练，经过几个月苦练，终于修好了一辆车。经检测钢板厚度、结构尺寸等完全符合标准。王洪军琢磨自己做工具，先后制作了Z型钩、T型钩、打板、多功能拔坑器等整修工具40多种、2000多件，满足了各种车型各类缺陷的修复要求。王洪军在发明制作工具的同时，着手总结快捷有效的钣金整修方法，创造出了47项、123种非常实用又简洁的轿车车身钣金整修方法——"王洪军轿车快速表面修复法"。

可以说，王洪军在平凡的岗位上做出了不平凡的贡献，而这不平凡的贡献来自于他认真负责的精神。多项荣誉足以证明他的辉煌：2006年荣获全国五一劳动奖章、2007年获国家科学技术进步二等奖、2008年12月获第19届"中国十大杰出青年"称号。无论从事什么工作都应认真对待，使自己乐在其中，那么即使是最平凡的工作，也能带给人成就感。只有踏踏实实地做好现在的工作，提升自己的含金量，将负责精神彻底融入工作当中，一个人才能赢得未来。无论从事什么行业，只要尽心尽力去做，最终一定会出类拔萃。

那些卓越的员工，都非常注意提升自己的胜任能力，那是一个人有效、出色地完成各项工作而必须具备的基本特征。对于每个员工而言，在激烈的竞争中，都应该树立自己的责任意识，通过勤奋刻苦，锻炼和提升自己的能力，成为一个拉着企业奔跑的人，与企业共前行。

对任何一个员工来说，责任永远也逃避不了，在成长的过程中需要我们体悟责任。当我们坚守责任并升华责任时，我们便已经成长为一名卓越的员工了。